ウー・ウェン

これでいい ウー・ウェンの ありのままの 一皿

婦人之友社

はじめに

この本を手に取ってくださった皆さま。昨日は何をつくりましたか？　そして今日は何をつくりますか？　もしかしたら、家へ急いで帰る途中、あなたの頭は、今晩は何にしよう？　冷蔵庫には何があったかしら？　そんな考えでいっぱいだったかもしれません。

家族と自分の健康のために、子どもたちの成長のために、そして一緒に食事をする皆が喜んでくれるようにと願って、私たちは毎日料理をしています。家族がいる人も、一人暮らしの人も同じです。健康に暮らしていく上で、避けられない大切なこと、それが料理です。

けれど、料理が好きで毎日、毎食楽しんでできるという人は、なかなかいないのではないでしょうか。生きていく以上、料理はしなくてはならないからこそ、苦しくもなるのです。

「家庭料理は無理なくできるものがいい」というのは、つくり続けることが何より大切だと思うから。本書では、私がこれまで続けてきた、無理なく、シンプルにおいしくできる方法を、お伝えしていきます。

家庭料理に正解はないと思っています。唯一言えるとしたら、健康でいら

[日々の食卓から]

大好きなたいの煮つけ。
山菜と白髪葱を添えて。

れることでしょう。そして、この正解を出す方法は、いろいろあるはずです。世界中、どこの国でも同じものを食べているわけではないのに、それでも皆が健康でいられるのですから。それぞれの国、それぞれの家庭に、何か秘訣があるのです。

以前、こんなことがありました。一人暮らしをしている息子が、週末の夜遅く実家に帰ってくるなり台所へきて、用意しておいた野菜スープを鍋一杯、飲みほしてしまったのです。もともとは大の肉好きでしたが、外食続きで、すっかり野菜不足になっていたようです。

今の彼がいちばん好きなのは、トマトと卵のスープ。名前の通り、トマトと卵だけのシンプルな、子どもたちが小さい頃からつくり続けているスープです。以前は、片栗粉でとろみをつけていましたが、最近は季節によって長芋のすりおろしを使います。トマトは一年中ありますが、もともとは夏の野菜。体を冷やす働きがあるので、冬にこのスープを飲むときは、体を温める食材として、長芋を使うようになったのです。長芋は酵素が多く、漢方薬的な効用が高い。スープの中いっぱいに栄養が広がります。

家族のためにごはんをつくって30年近く、今ではどんなに定番の料理であっても、季節に合わせた変化をつけていますから、このスープのつくり方を

かつおのたたきがおいしい
初夏のお昼ごはん。

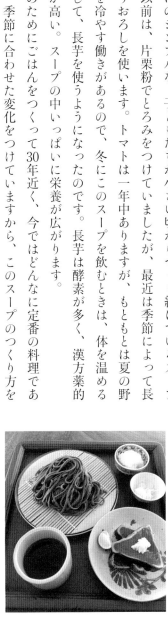

聞いて息子は言いました、「進化しているね」と。自分の体が喜んでいることに気づき、幼い頃から飲んできたスープがバージョンアップしていることに驚いて、褒めてくれました。

家庭料理というのは、家族や環境の変化に合わせて、同じ料理であっても、少しずつ進化していくものだと思います。進化したトマトと卵のスープは、彼にとって、今いちばん必要なものだった。その後、「すりおろし器がほしい」と言いましたから、これからは自分でそのスープをつくっていくでしょう（つくり方P.124）。

家庭料理は、人に見せるためにつくるものではありません。豪華にする必要もない。ただ、家族の健康を守るために、流れる時間の中で家族と一緒に変化していく。それが、家庭料理だと思うのです。


この本をつくっている最中、新型コロナウイルスの世界的な感染拡大という、100年に一度あるかないかの大きな出来事が起こりました。

ステイホームで外出を控える中、久しぶりに家族そろって家でごはんを食べる日が続き、懐かしく、かけがえのない時間を過ごしました。そして久しぶりに家族全員分の食事づくりをしたことで、見えてきたことがあります。

今の時代は便利なアプリがあって、カロリーや栄養の計算をしてくれます。

遊び心も一緒に盛って、
楽しいティータイムに。

検索すれば、さまざまな知識やレシピも一瞬で手に入ります。若い世代は、健康について考えるとき、そういった科学や数字から入ることの方が多いのかもしれません。それに、もしかしたらそちらの方が、正しいのかもしれない……。

けれど、数字に表せないものが、毎日の食事にはあると思います。家族の歴史の中で、どんなときにもあり続けたレシピ、離乳食からこれまでつくり続けてきた一つ一つの料理。流れてきた家族の時間を振り返ると、思い浮かべることのできる一皿一皿が、わが家の家庭料理ですし、その価値や意味は、やっぱり数字では計れないと思います。

かつてのように、子どもたちと毎食を共にすることはもうないと思いますが、一つ屋根の下で暮らした時間の中で、日々食べてきたものが、彼らの身体をつくってきたのは事実です。彼らもそれを自身の身体で理解し、これからは自分や大切な人の健康を守っていくために、受け継いでいってくれると信じています。そうした家庭料理の考え方を、今、家族のための食事づくりを担う皆さまにお伝えできることを、心から嬉しく思っています。

2020年　夏のおわりに

夕食前の食卓。
できあがったものから、
並べていきます。
(本人撮影・P.4-7)

もくじ

4

この本のきまり

● この本の表記について

1カップは200mℓ、1合は180mℓ、大さじ1は15mℓ、小さじ1は5mℓです。

● 調味料は質のよいもの、食材は旬のものを

「油」はくせがなくてどんな料理にも合う
「太白ごま油(白)」を使用しています。
食材は、鮮度のよいもの、旬のものを選びましょう。
調味料も質のよいものを使いましょう。

● 鍋について

つくり方の中で出てくる「炒め鍋」は、
テフロン加工のフライパンでＯＫです。
本書では炒めたり、蒸したり、ゆでたりできる
「ウー・ウェンパン+」を使用しています。

「ウー・ウェンパン+」

1

家庭料理は家族と一緒に成長していくもの

ウー家の食卓、最新形と集大成

わが家では毎日、中国料理を食べていると思われるかもしれませんが、普段の食卓は〝中和洋〟。中国の家庭料理はもちろん、おだしをたっぷり使った煮びたしも、しょっちゅう登場します。ハンバーグやスパゲッティもつくります。シンプルなウー・ウェン風の洋食は、青椒肉絲や麻婆豆腐と同じくらい、人気のメニューです。

かつての、いかに手早く、成長期の家族のお腹を満たすかという食事づくりから、今はすっかり大人の食事スタイルになりました。とは言え、皆それぞれ仕事があり、生活時間も異なりますから、私の料理の仕方も、食事のタイミングが違ってもおいしく食べられるものになり、毎日の献立の考え方もずいぶん変わりました。子どもたちの成長や、生活の変化によって、わが家の家庭料理は日々進化していると言えるかもしれません。

家庭料理とは、家族の変化を追いかけて、あるいは家族の変化を支えながら、アップデートして、進化していくもの。子育ても、初めての赤ちゃんが生まれて、自分も初めてお母さんになって、そこから親子が一緒に成長していくでしょう。それと同じように、家庭料理も、自分の経験の中で変化し、家族と一緒に成長させていくのだと思います。

ここでお見せするのは、わが家の普段の食卓そのままの姿。ずっとつくり続けてきたものから最近のものまで、ウー家の家庭料理の最新形と集大成をご紹介します。

つくり慣れた料理をくり返し

本を見ないでつくれる料理、もっと言えば、目をつぶってでもつくれる料理、何度出しても、家族がまた食べたい、と言ってくれる料理はいくつありますか？

３６５日、違ったものを食べたいという人は滅多にいません。レシピはたくさん知っている方がいいと考えている方が多いかもしれませんが、〝うちのごはん〟は食べ慣れた味がいいのです。折に触れて、または季節のたびに食卓に上る「いつものあれ」が、家族の健康を支え、食べるとほっとする〝安心〟の味です。

それをときには、組み合わせる野菜を旬のものに変えたり、使う肉の種類を変えてみる。すると、食べる人も安心して変化を楽しめますし、つくる方もラク。たとえば、鶏の肉団子のつくり方を覚えたとしたら、次は鶏肉を豚肉にしたり、スープにしていたのを、蒸してみたり。同じように、煮びたしも野菜炒めも、野菜の種類を変えていけば、一週間、毎日違う食べ方ができるのです。

一度この考え方を身につけたら、一品が一品で終わりません。一つの料理の基礎を理解したら、そこからどんどん自分でレシピを広げていけるようになります。つくり慣れた料理を、目先を変えながらつくり続ける。毎日の食事づくりとはそういうものだと思いますし、考えないでも手が動く、そういう料理が家庭料理の大黒柱なのだと思います。

一生ものの肉団子

わが家の肉団子を見た人はびっくりします。子どもの握り拳くらいはあるでしょうか。子どもたちが小さい頃から、ハンバーグと同じ感覚でつくってきて、数えきれないくらい食卓に上った料理です。

献立の主役にしようと思ったら、このくらいないとものたりません。一緒に煮る野菜は、季節に合わせて。小松菜や春菊は定番ですし、夏なら香菜もいいものです。お団子が煮えたところに、香菜、みょうが、しその葉をさっと散らして。冬なら、真っ白な白髪葱だけにしたり、根菜とことこと煮こんでもいい。

たとえ毎日つくったとしても、相手の野菜が変われば、まったく違う料理になる、そこがミソです。そう考えると、一年中、いろいろな鍋がつくれます。一つレシピを覚えたらそこからが始まり、というのは、こういうことなのです。

もう一つ、肉団子のいいところは、お年寄りでも食べられますし、軽くつぶせば、離乳食にもなるところ。年齢も体調も選ばずに食べられるので、毎日このお団子と暮らしてもいいくらい。きっと一生困りませんし、健康でいられると思います。

あるとき、帰りの遅い娘のために、菜の花と肉団子の鍋をつくっておきました。朝起きたら、お鍋は空っぽでしたよ。

鶏の肉団子鍋のつくり方

蒸したり、スープ煮にしたり、季節の野菜を使ったり、ひき肉の種類を替えたりすれば、毎日違う食べ方ができる一生ものレシピ。塩、しょうゆ、味噌味で3種の展開をご紹介します。

鶏の肉団子が主役。1人1個になるように、4つに分けます。

形をととのえながらやさしく丸めて。

煮立てた中に、静かに入れます。

鶏の肉団子と根菜の鍋

野菜もしっかりとれるのが魅力。
根菜を合わせるときは、
最初から一緒に煮こみます。

●材料（4人分）

【鶏の肉団子の基本のたね】
鶏ひき肉（豚ひき肉でも）
…300g

A
酒…大さじ1
こしょう…少々
生姜（みじん切り）
…大さじ2（約20g）
しょうゆ…大さじ1
塩…ひとつまみ
オイスターソース…大さじ½
パン粉…大さじ2
ごま油…大さじ½

酒…½カップ
水…1カップ

【根菜と調味料】
れんこん…1節（約180g）
人参…1本
しょうゆ…大さじ1
こしょう…少々

●つくり方

1 れんこんは皮をむき、半量を約1cm角の棒状に切り、残りを7～8mm厚さの輪切りにする。人参は皮をむいて乱切りにする。

2 鶏ひき肉に**A**を順番に入れ、そのつどよく混ぜ、4等分にして丸める。

3 鍋に酒、水を入れて火にかけ、煮立ったら**2**を入れ、再び煮立ったら**1**を入れて弱火にし、ふたをして12分煮る。

4 しょうゆで味をつけて、こしょうで香りをつける。

■キャベツと（レシピはP.22）

煮るのに時間がかかる根菜は、肉団子と一緒に煮こんで。

まずは、鶏の肉団子だけを煮て、火を通します。

火の通りのよいキャベツは、最後に入れてさっと蒸し煮に。

鶏の肉団子とキャベツの鍋

キャベツには、塩味のさっぱりスープがよく合います。
あっさりしているので、いくらでも食べられます。

●**材料**（4人分）
鶏の肉団子の基本のたね（P.21）…4人分
キャベツ（せん切り）…200g
塩…小さじ⅓
こしょう…少々

●**つくり方**
「鶏の肉団子と根菜の鍋」のつくり方**3**で、肉団子だけを弱火で12分煮こみ、キャベツを加えてふたをし、中火で2分蒸し煮にする。塩、こしょうで味をととのえる。

鶏の肉団子と小松菜の鍋

小松菜は細かく切ることで食べやすくなりますよ。
スープはこっくり温まる味噌仕立てに。

●**材料**（4人分）
鶏の肉団子の基本のたね（P.21）…4人分
小松菜（1㎝長さに切る）…1束（200g）
味噌…大さじ1

●**つくり方**
「鶏の肉団子と根菜の鍋」のつくり方**3**で、肉団子だけを弱火で12分煮こみ、味噌で味をつけて小松菜を加え、ふたをして1分さっと蒸し煮にする。

旬の味を春巻きで

春巻きは出番の多いおかずです。けれど皆さんは、揚げものは大好きでも、「春巻きつくろうか?」とは、なかなか気軽に言えないのではないでしょうか。

一般的な春巻きは、豚肉や筍を細く切って炒め、あんでとじたものを包みますが、私の春巻きは、一種類の具を巻くだけで終わりです。アスパラ、空豆、筍など、旬の代表的なものは、春巻きがいちばんおいしくいただけるのではないかしら……。旬のものを天ぷらにするのと同じ感覚です。

私は、天ぷらは揚げものというより、蒸し料理に近いと思っています。衣をつけて熱い油の中に入れたら、衣が固まって、内側が蒸し焼きになる。春巻きも同じことです。皮に包んだら、小麦粉を水でといたのりを端から塗って、ぴったり閉じます。こうすれば密閉性が高くなって、中に油も入りにくくなる。蒸し焼きの条件が整います。素材の水分が流出しないので、油がパチパチはねることもありません。

何も難しいことはありません。人参や長芋、春雨など、家にあるもので水分の少ないものなら何でも。いつでもつくれますし、いろいろな種類を食べられる。ぜひ気軽に、「今晩は春巻きにしようか」と家族に声をかけられるようになってください。

春巻きは天ぷら感覚で

基本の味つけは塩、こしょうだけ。何かつけたければ、ポン酢でも。

子どもたちのお弁当には、日替わりの春巻きとあと一品というのが定番でした。

今年はこごみをたくさんいただいたので、生ハムと一緒に巻いて揚げたら大好評。水分にだけ気をつけて、いろいろな具を巻いてみてください。

アスパラは軸の硬いところを麺棒など（写真は菜切り包丁）で軽くたたくと、火の入りがよくなります。

グリーンアスパラガスの春巻き

シンプルな春巻きがわが家流。カラリと揚げれば、時間がたってもパリパリです。

●材料（4本分）

春巻きの皮…4枚

のり
- 小麦粉…大さじ1
- 水…大さじ1½

グリーンアスパラガス…4本

塩…小さじ¼

こしょう…少々

揚げ油…1カップ

●つくり方

1 グリーンアスパラガスは、根の硬い皮をのぞいて軽くたたきつぶし、長さを4等分に切って塩、こしょうをまぶす。

2 手前から春巻きの皮でしっかり包む。

3 小麦粉と水を合わせてのりをつくり、春巻きの巻き終わりの辺に塗ってしっかり閉じる。

4 170℃の揚げ油に**3**を入れ、色づいたら裏返して、きつね色にカラリと揚げる。

春巻きの巻き方

空気が入らないように巻くことが大事なポイントです。

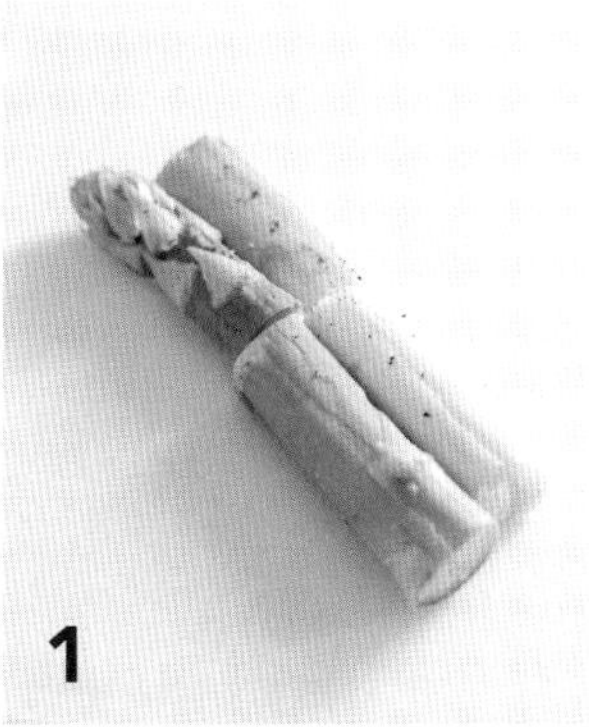

1 春巻きの皮に具材をのせます。

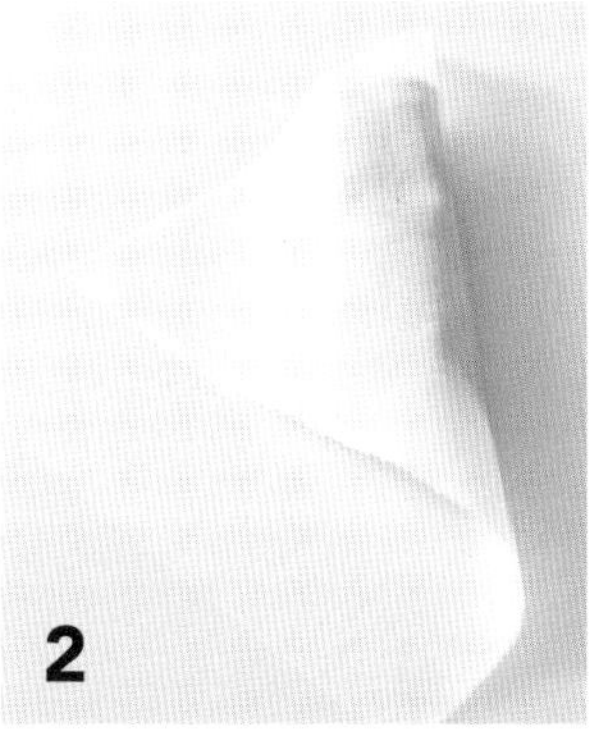

2 具材を包みこむように手前の角を折ります。

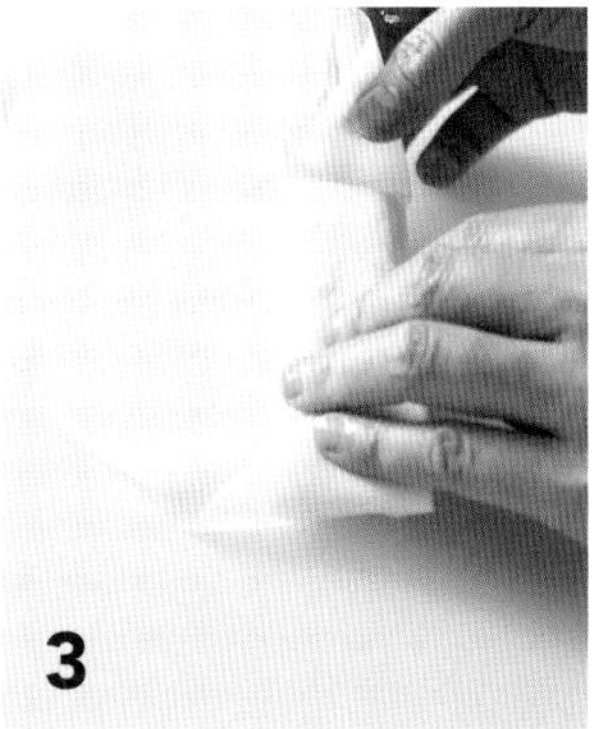

3 しっかり空気をぬいて、左右の角も包みこむように折ります。

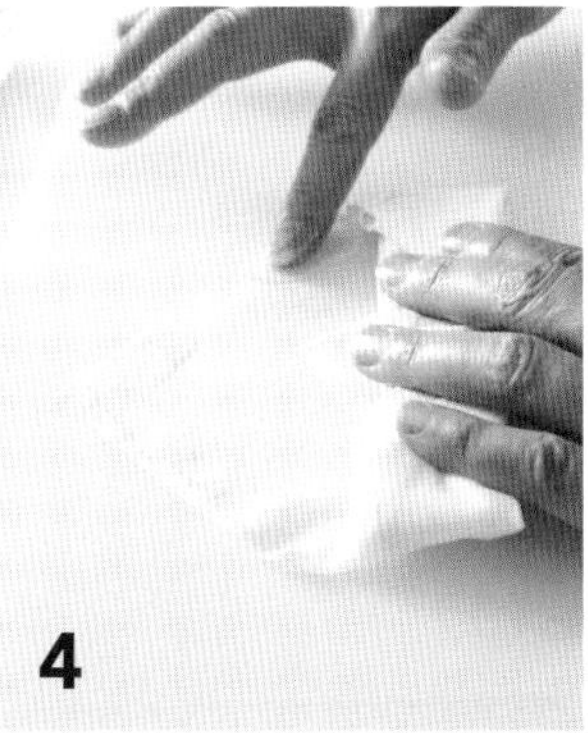

4 巻き終わりに小麦粉のりをつけます。

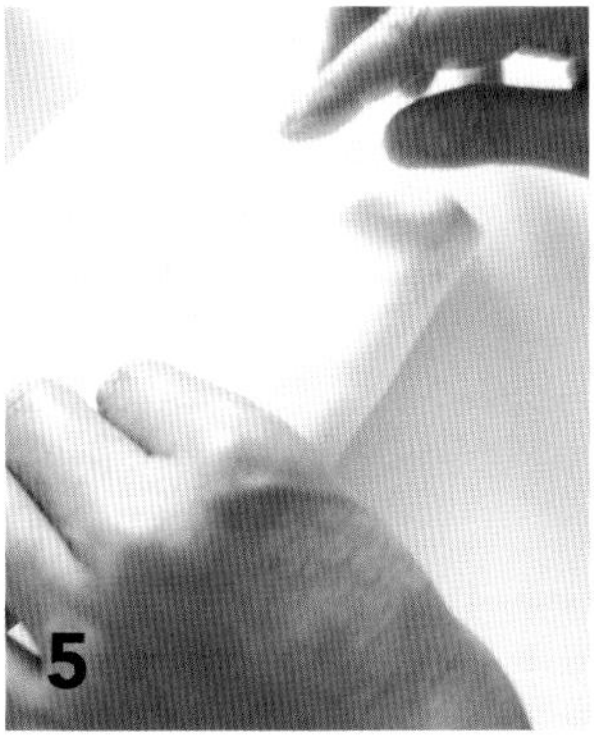

5 くるりと巻いて閉じます。

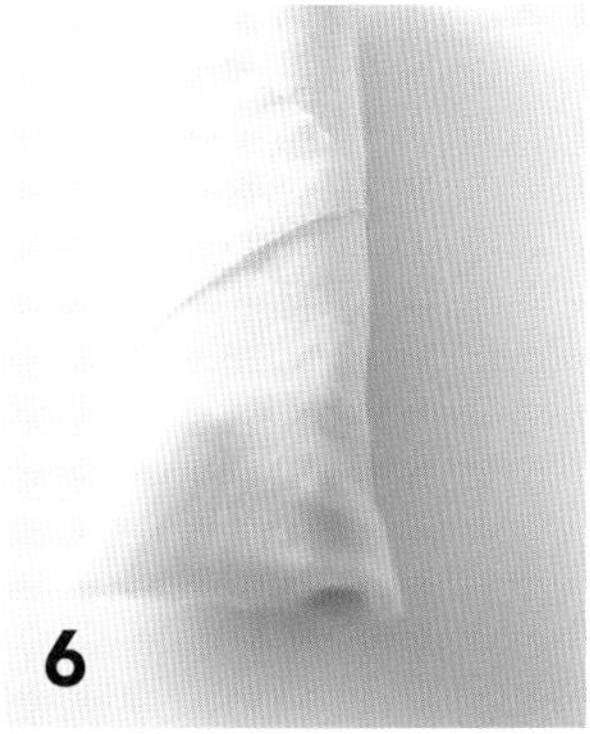

6 できあがり。

春雨の春巻き

さっぱり味の春雨には、
ほかの食材よりも
こしょうをきかせます。

●**材料と下ごしらえ**（4本分）
春雨（乾）… 60g
塩… 小さじ⅓
粗びきこしょう… 小さじ⅓
●春雨は熱湯につけて10分おき、水けをきって適当な長さに切り、塩、こしょうで下味をつける。同様に春巻きの皮で巻いて揚げる。

えびの春巻き

野菜だけでなく魚介も！
プリプリのえびの食感を
楽しみます。

●**材料と下ごしらえ**（4本分）
むきえび… 200g
塩… 小さじ⅓
こしょう… 少々
●むきえびに、塩、こしょうで下味をつけ、同様に春巻きの皮で巻いて揚げる。

人参の春巻き

せん切りにすれば
人参がたくさん入ります。
ビタミンたっぷりですよ。

●**材料と下ごしらえ**（4本分）
人参… 2本
塩… 小さじ⅓
こしょう… 少々
●人参は皮をむき、スライサーまたは包丁でせん切りにし、塩、こしょうで下味をつける。同様に春巻きの皮で巻いて揚げる。

中に入れる具材によって切り方を工夫したり、
下味を調整しましょう。

得意料理は切り干し大根とひじきの煮ものです

ひじきの煮もの（つくり方 P.32）

切り干し大根の煮もの（つくり方 P.32）

切り干し大根とひじきの煮ものが定番です、と言ったら、びっくりされるでしょうか。中国の家庭料理も、和食の基本であるだしを使った料理も大切にしたい。わが家にとって、おいしいだしを含ませた煮ものは、欠かせない味です。

乾物は常備しています。特に切り干し大根は、もどす時間もほとんどいらないので、本当に便利です。忙しくて買い物に行く時間がないとき、手軽で栄養のある乾物に助けられています。

乾物売り場へ行くと、いろいろな種類のひじきが売っていますね。長ひじき、芽ひじき以外にも、平べったいものや極細のものなど、産地によって形が違うので、変わったものを見かけたら必ず買ってみることにしています。素材が変わると、つくり方は同じでも、同じひじきの煮ものにはなりません。それが、つくる方にとっても食べる方にとっても新鮮で楽しい。だからうちでは「ひじきの煮ものをつくらなきゃ」とか「またひじき？」とはなりません。

見てください、ひじきの黒に人参の赤、油揚げの黄色。切り干し大根はえのきと煮て白く仕上げ、最後にパセリを。中国には、青（緑）・赤・黄・白・黒の五色を食事に取り入れるとよいという考え方がありますが、この二品の中で五色がそろっているのがわかるでしょう？　わが家では、和の料理にも五色の考え方が生きているのです。

「きのこは毎日」わが家の鉄則です

わが家では毎日のようにきのこを食べていますが、買い物に行けなかったときのために、こんな干し椎茸の煮ものがあると助かります。お弁当にちょっと入れたり、薄切りにして炒めものに加えたり、刻んでごはんに混ぜたりしてもいい。子どもたちが小さい頃は「一日一つよ」と食べさせたものです。

毎日食べたいわけは、きのこは自然界にある食材の中で、唯一の菌類だから。人間も自然界の中で生きていくには、よい菌とつながらないといけません。きのこは食用菌で、免疫を強くするとも言われていますから、こういう食べものがいいのではないかしら。毎日の薬ですね。

こんな話をすると「ふだんから体にいいものを食べているんですね」と言われますが、特別なことは何もありません。乾物はどこにでも売っていますし、ゴージャスな食材というわけでもない。ただ、そのままではいつまでも、誰も食べてくれません。一袋、全部もどして煮ておけば、毎日食べないといけなくなるでしょう。皆さんの家の戸棚には、もしかしたら〝ビンテージ〟になりかけの乾物がありませんか。なんとかしてあげてください（笑）。

ちなみに、きのこには、こしょうがよく合います。土臭さや菌独特の匂いを消してくれます。

青梗菜の炒めもの
干し椎茸のさっぱり煮
混ぜごはん

ひじきの煮もの

旨みのあるオイスターソースで味つけを。海のものには海のものの調味料が合います。

●**材料**（つくりやすい分量）
芽ひじき（乾）…30g
（長ひじきなら50g）
人参…½本
油揚げ…1枚
酒…大さじ2
だし汁…1カップ
しょうゆ…大さじ1½
オイスターソース
…大さじ½
はちみつ…小さじ1
ごま油…大さじ½

●**つくり方**
1 ひじきは水でもどし、水けをきる。人参は長さを半分にして細切りに、油揚げは縦半分に切り、3〜4㎜幅に切る。
2 鍋にごま油と**1**を入れて火にかけ、油がなじむように炒め合わせる。
3 **2**に酒、だし汁、しょうゆ、オイスターソース、はちみつを入れて煮立たせたら、弱火にしてふたをし、汁がなくなるまで20分程度じっくり煮る。

切り干し大根の煮もの

パセリをちらすと、まるでサラダのようです。白の世界を楽しんで。

●**材料**（つくりやすい分量）
切り干し大根（乾）
…50g
えのき茸…100g
だし汁…1カップ
しょうゆ…大さじ1
はちみつ…小さじ1
パセリ（みじん切り）
…大さじ3
ごま油…大さじ1

●**つくり方**
1 切り干し大根は洗って水けをきり、新たに水をかぶる程度入れて3分おき、ざるにあげて水けをきる。ぎゅっとしぼらないことが、歯ごたえを残しておいしくつくるコツ。食べやすい長さに切る。
2 えのき茸は石づきをのぞいてほぐす。
3 鍋にごま油、**1**、**2**を入れて中火にかけ、油がなじむように炒めてだし汁を加え、5分煮る。
4 **3**にしょうゆ、はちみつを入れ、さらに5分煮たらパセリをちらし、火をとめる。

干し椎茸のさっぱり煮

椎茸は、時間をかけてじっくりもどすことで、味がしっかりしみこみ、おいしく仕上がります。

●材料(つくりやすい分量)

干し椎茸…1袋(約100g)

A
- だし汁…2カップ
- みりん…大さじ3
- しょうゆ…大さじ2
- 黒酢…大さじ½
- 粒こしょう(黒)…15粒
- ポアブルローゼ(ピンクペッパー)…15粒

粗塩…小さじ⅓

ごま油…小さじ1

●つくり方

1 干し椎茸は24〜48時間かけてじっくりともどし(大きさ、厚さによるので、ふっくらになるまで)、水けをきって石づきをのぞく。

2 鍋に**1**と**A**を入れて火にかけ、煮立ったら弱火にし、ふたをして40分煮る。粗塩、ごま油を入れて火をとめ、一晩おく。

「干し椎茸のさっぱり煮」を使った2品

青梗菜の炒めもの

薄切りにして旬の野菜と炒めるだけ。

●材料(つくりやすい分量)

青梗菜…2株

干し椎茸のさっぱり煮…4個

長ねぎ…10cm

オイスターソース…大さじ1

こしょう…少々

油…大さじ1

●つくり方

1 干し椎茸のさっぱり煮は1cm幅に切る。

2 青梗菜は5cm幅のそぎ切りに、長ねぎは3〜4mm幅の斜め切りにする。

3 炒め鍋に油、長ねぎを入れて火にかけ、香りが出たら青梗菜を入れ、油をなじませるように炒めたら、**1**を加えて炒め合わせる。オイスターソースで味をつけ、こしょうで香りをつける。

混ぜごはん

みじん切りにして混ぜこめば、それだけで贅沢なごはんに。

●材料(4人分)

干し椎茸のさっぱり煮…4個

ごはん…茶碗4杯分

白いりごま…適量

●つくり方

干し椎茸のさっぱり煮をみじん切りにし、白いりごまと一緒にごはんに混ぜる。

麺を楽しむパスタ

シンプルな料理に欠かせないのが、黒こしょうの香り。粒のまま、ペーパータオルにはさんですりこぎでたたく「たたきこしょう」。「わが家のチーズパスタは、このたたきこしょうがあってこそ」

わが家はパスタもとてもシンプルです。ミートソースのように、時間をかけてソースをつくらなくても、にんにくと赤唐辛子の香りのよいオイルに、生のトマトをサッと合わせるだけで十分。これなら、パスタをゆでている間にできあがります。

あとはおいしいチーズをすりおろしてかけるだけ、というのもよくします。これはイタリア人の友人がつくってくれて、感激した味。パスタが見えなくなるくらいたっぷり、というのが秘訣で、おろしたては香りが全然違います。子どもたちが小さい頃にはよく言ったものです、「雪山のようにかけてね」って。

結局、飽きがこないのは、こういう食べ方ではないかしら。パスタは麺が主役です。麺をおいしく食べるにはチーズとこしょうで十分だと思います。それに、チーズの種類を変えれば同じ味にならないのも魅力的。かといって、あまりチーズにこだわってもキリがないので、手に入りやすい、それぞれのご家庭の好みのチーズでつくる。それがいちばんだと思います。

黄色のトマトを合わせると、変化が出て食べる喜びも増しますよ。

トマト入りのペペロンチーノ

●材料（2人分）
スパゲッティ（1.4㎜・乾）…160g
ミニトマト（黄）…8個
にんにく…1片
赤唐辛子…1本
バジルの葉…適量
エクストラバージンオリーブオイル…大さじ1½

●つくり方

1 にんにくは2〜3㎜厚さに切り、赤唐辛子は粗くちぎる。ミニトマトは半分に切る。

2 スパゲッティは、沸とう湯で、袋の表示の時間通りにゆでる。

3 炒め鍋にオリーブオイルとにんにくを入れて火にかけ、香りが出たら赤唐辛子を入れる。焦がさないように香りを出して、すぐにミニトマトとゆで汁約大さじ2を入れてさっと炒め合わせ、**2**を加えてさらにさっと炒め合わせる。

4 器に盛り、バジルの葉をのせる。

チーズはたっぷり、
その日の気分で
かけてくださいね。
たたきこしょうをちらせば、
香りも味も引き立ちます。

チーズだけのパスタ

●**材料**（2人分）
パスタ（フェットチーネ・乾）
…160g
チーズ（パルミジャーノ・レッジャーノ）…適量
バター（またはエクストラバージンオリーブオイル）
…大さじ1
粒こしょう（黒）…少々

●**つくり方**
1 パスタは、沸とうした湯で、袋の表示の時間通りにゆでる。
2 ゆであがったパスタに、ゆで汁大さじ2を加えてバターを入れて和える。
3 **2**を器に盛り、おろしチーズをたっぷりかけ、和える。粗くつぶした粒こしょうをふる。

大人のハンバーグ

ハンバーガーには、粒マスタードとイタリアンパセリをたっぷりはさんで。ミントでも。

牛肉100％なので、食べごたえもしっかり。じっくり焼きあげます。

ハンバーグは、皆さんもきっとお好きでしょう。今のわが家は、「大人のハンバーグ」レシピでつくります。この日は、ちょうど冷蔵庫にあったチーズをのせました。チーズには旨みも塩分もあるので、ソースいらず。柚子こしょうや黒こしょうのピクルス（これがすごくおいしい）を添えて、大根おろしでさっぱりいただくのが、ウー・ウェン風です。ソースをかけたら白いごはんがほしくなりますが、これだけで満足できますし、栄養的にも充実。パンと合わせてもいいものです。

一般的には、ハンバーグには合いびき肉を使うかもしれませんが、野菜と同じで、肉も素材の味をきちんと味わいたいので、うちでは牛肉１００％。それをフライパンでじっくり15分かけて焼きあげます。せっかくならといつもたくさんつくっておいて、翌日のお楽しみはハンバーガー。ここでもケチャップなどは使わず、シンプルに、粒マスタードとベランダで育てたイタリアンパセリをはさみます。ボリュームたっぷりのさわやかなバーガーをさあ召しあがれ！

ハンバーグ

手の温かさで肉の脂がとけてしまうので、丸めるときにこねすぎないこと。焼いたときのひび割れを防ぎます。

●**材料**（6個分）
牛ひき肉…600g
玉ねぎ（みじん切り）…½個
A
こしょう…少々
酒…大さじ4
粗塩…小さじ1
とき卵…1個分
パン粉…15g
とけるスライスチーズ…適量
油…大さじ2
【つけ合わせ・各適量】
大根のすりおろし
オリーブの実（黒・緑）
柚子こしょう
粒こしょう（黒）など

●**つくり方**
1　炒め鍋に油大さじ1と玉ねぎを入れ、水分がなくなるまで炒め、冷ましておく。
2　ボウルに牛ひき肉を入れて**A**の調味料を順番に入れて調味し、**1**を加えてよく混ぜ合わせ、6つにまとめる。
3　フライパンに油大さじ1を入れ、平たくした**2**を入れてふたをし、返しながら両面を15分ほど焼く。＊その日食べる分だけを焼く。
4　器に盛り、チーズをのせて、オリーブの実や柚子こしょう、粒こしょうを添え、大根のすりおろしをのせて食べる。好みでしょうゆをかけても。
＊たねを多めにつくり、残りは1～2日中にハンバーガーなどにしていただくとよい。

わが家のある日の朝ごはん

ふんわりフレンチトースト

〝ウー・ウェンホテル〟の朝ごはんです！　アーモンドミルクと卵のフレンチトーストに、フルーツとメープルシロップ、甘いものが苦手な人にはアボカドとベーコンを添えて。

夏の朝のわが家の定番ともいえるフレンチトーストは、もともとは余ったパンの〝救済メニュー〟として始めたことです。暑い季節のパンは劣化が早く、おいしい期間が短い。そこで、買ったその日に食べたら、残りはアーモンドミルクと卵の栄養たっぷりの〝美

容液〟に浸して冷蔵庫へ。
こうしておくと2、3日は平気です。浸ければ浸けるほどおいしくなります。スポンジみたいに吸いこんで、ふっくら蘇ったところをフライパンで蒸し焼きに。前の晩から浸けておけば、朝は焼くだけ。その間にフルーツや野菜を切るだけですから、トーストと手間は変わりません。
家族の好みに合わせて仕上げるなんて、ウーさんは大変なことをしていると思われるでしょうか？いいえ、何も無理はしていません。こんなふうに工夫できるのもまた、楽しいと思っています。

フレンチトースト

●材料（つくりやすい分量）

食パン（約2㎝厚さ）…2〜3枚

アーモンドミルク（または牛乳、豆乳）…1½カップ

卵…1個

バター（またはオリーブオイル）…大さじ1

●つくり方

1 保存容器に卵をとき入れ、アーモンドミルクを加えてのばし、食パンを入れて一晩浸けておく。途中、上下を返すとよい。

2 フライパンにバターを入れて火にかけ、**1**を入れてふたをし、弱火でふっくらするまでじっくり両面を焼く。

ふたをして、弱火でじっくり焼く。パンの中央がふっくらしてきたら、焼きあがったサイン。

一晩（半日）浸けて、しっかり卵液を吸いこんだ状態。パンは食パンだけでなく、バゲット、レーズンパン、ロールパンを縦半分に切って浸けこんでも。

アーモンドミルクと
卵の液に一晩浸けこめば、
ふわふわのフレンチトーストに。
アーモンドミルクがなければ牛乳でも。

ベーコン＆サラダを合わせる

フライパンでこんがり焼いた厚切りベーコン、ルッコラ、アボカドを添えて、全体に塩、こしょうをふっていただく。チーズを添えてもおいしい。

フルーツと合わせる

皮をむいて輪切りにしたキウイフルーツやみかんを添え、メープルシロップ（またははちみつ）をかけていただく。フルーツは、オレンジやりんごでも。

〃再プレゼン〃ランチ

中国料理でもよく使われる筍。穫れたては、まずは筍ごはん。筍は細かくしないで、一口大に切って食べごたえを。「せっかくの旬の味ですから」

次の日の昼ごはんに、炒飯として再登場。つくり方は卵とねぎのシンプルな炒飯と同じ。筍は油と相性がよいので、こちらもまた好評です。

筍ごはんの太巻き

筍ごはん

この春もありがたいことに、穫れたての筍が各地から送られてきました。たくさん届いたときは、筍づくしの毎日です。まず、筍ごはんをたっぷりつくります。次の日は残りを炒飯にしたり、キムチを芯にした太巻きにしてお昼ごはんに。名づけて〝再プレゼン〟ランチです。

私は、残りものを家族に出すのをちっとも悪いと思いません。ちょっと目先を変えれば、家族は喜んで食べます。それも家庭料理の一つの考え方。毎日、新しいものばかりつくるわけにはいきません。特にこんなにたくさん、筍が届いたときは。

〝再プレゼン〟ランチ

春にたくさんいただく筍は、まずは混ぜごはんに。翌日は、炒飯や太巻きにするなど、考え方次第で毎日だって飽きずに楽しむことができます。

筍ごはん

●**材料**（つくりやすい分量）
ゆで筍…200g
米…3合
だし汁…3合弱
酒…大さじ1
しょうゆ…大さじ1
粗塩…小さじ1

●**つくり方**

1 米はといで水けをきり、鍋に入れてだし汁、酒、しょうゆを加えて炊く。

2 ゆで筍はひと口大に切り、粗塩で味をつけておく。

3 炊きあがった**1**に**2**を入れて20分ほどよく蒸らす。

筍のゆで方

筍1本（約800g）は、根元の硬いところを切り落とし、穂先は斜めに切り落とす。鍋に筍とかぶるくらいの水、赤唐辛子1本を入れて強火にかけ、煮立ったら火を弱め、ふたを少しずらしてかぶせて、1～2時間柔らかくなるまでゆでる。そのままおいて粗熱をとる。

筍ごはんの炒飯

●**材料**（つくりやすい分量）
筍ごはん…300g
卵…2個
長ねぎ（緑の部分・みじん切り）…10㎝分
塩…少々
こしょう…少々
油…大さじ2

●**つくり方**

1 炒め鍋に油を入れて熱し、といた卵を流し入れ、手早くほぐすように炒める。

2 **1**に長ねぎを入れ、香りが出たら、筍ごはんを入れてよく炒め合わせ、塩、こしょうで味をととのえる。

筍ごはんの太巻き

●材料（太巻き1本分）
海苔…1枚（全形）
筍ごはん…茶碗1杯強
筍ごはんの筍…適量
キムチ（白菜）…大さじ2

●つくり方

1 巻き簀に海苔をのせ、筍ごはんをのせて広げる。筍は芯にするので、取り出しておく。

2 中央のあたりに**1**の筍、刻んだキムチをのせ、手前からくるりと巻き、巻き終わりをしっかりおさえる。

3 食べやすい厚さに切って皿に盛る。

愛すべき洋皿

クッキングサロンでは、中国の食器を
使っていますが、実は洋皿も大好き。
家庭では、長く大切に使い続けています。

スージー・クーパー

これは食器というより、「絵」ですね。ロイヤルファミリーも愛した英国を代表する陶器デザイナーの一人、スージー・クーパーのボウルは、娘の誕生祝いに大原照子先生からいただいたもの。料理研究家の草分けであり、アンティークへの造詣も深かった先生の美意識は、私の憧れでした。子どもには美しいものを見せて育てるべきということを教えていただきました。離乳食はこれで食べさせた思い出の一皿。

ペロション

イタリアのトスカーナで作陶するスイス人、クリスチャンヌ・ペロションの器には、モダンな和のテイストを感じます。少しいびつな形も、日本の焼きものなどと近いものを感じます。けれど、ニュアンスのある発色に関しては、東洋人にはなかなかない感性で、そこに魅力を感じています。煮ものや炒めもの、何を盛りつけても料理の邪魔をしない、わが家の普段使いです。
＊盛りつけ写真 84 ページ

アラビアの アネモネシリーズ

フィンランドの陶器ブランド「アラビア」のアネモネシリーズ。藍色で手描きされたお花の模様を見ていると、北欧のものなのに、どこか中国とつながっているような気がして。北欧のデザインは洗練されているのと同時に温かみがあって、独特の感性を感じます。奥のティーカップにはスープを入れることも。そんな使い方も、おおらかに受け止めてくれるのがいいですね。

ブルーウィロー

18 世紀に英国で大流行したウィロー・パターン。白地に青、必ず柳の木が描かれていることから"ブルーウィロー (青い柳)"とも。描かれているのは、中国を舞台にした悲恋の物語と言われ、だからでしょう、どこか懐かしく感じて、中国やヨーロッパで出あうたびに買ってしまいます。低めの温度で焼かれているせいか、硬質な感じがなく、日本の料理とも相性がいいのです。

＊盛りつけ写真 64 ページ

2

時間がない、つくりたくない日は「これでいい」と決めましょう

今日はこれだけ、明日はもうちょっと。そして楽しく。

「忙しくて献立も考えられないし、つくりたくない」という日は、誰にだってあります。そういうときは、汁ものの出番。一つのお鍋に野菜もたんぱく質も放りこんで、スープに仕立てます。それにごはんと納豆やおじゃこがあれば、もう十分。

「今日はこれでいい」と割り切ることも、家庭料理では大切な考え方。健康は一日一日の積み重ね。今日はこれが足りないと思えば、明日食べようと考えればいいと思います。逆の言い方をすれば、一日だけ栄養満点だったとしても、仕方がない。大切なのはつくり続けること。手のこんだ料理をつくろうとして、考えただけでイヤになってしまうより、考えなくても手が動く、そんな状態が理想です。焼きそばだって、あれこれ具を入れるよりも、麺を炒めて黒酢で味つけしておしまい。野菜と肉はスープに。この方が、つくるのもラクですし、一品増えることにもなります。そうやって、どうしたらつくる気になれるか、自分なりの方法を見つけていくことも必要なことではないかしら？

家族に「今日のごはん、なあに？」と聞かれて、プレッシャーだったり、いやになる気持ちもわかります。でも、料理は生活の一部だから、やっていくしかありません。それなら、今までの考え方を変えていきましょう。「これでいいんだ」と自分で。重たい気持ちで背負うのではなく、「今日はこれだけ。明日はもうちょっと」、そんな軽やかな気持ちで、毎日の食事づくりと向き合ってみる。それだけで、肩の力が抜けて、ラクになれると思います。そして一週間のトータルで見たときに、栄養のバランスが取れていれば、それでよしとしましょうよ。

私が普段つくる家のごはんはシンプルなものばかり。「シンプルなんだけど、だからこそ、丁寧にしようね」とは、クッキングサロンの生徒さんにいつも言っていることです。シンプルな料理だったら、その分、プロセスに集中して丁寧にできるでしょう。そうやってできた料理を家族が喜んで食べてくれたら、自信がついて、また次もつくろうという気持ちになりませんか？　どうせするのなら、楽しくやりたいというのが私のモットー。そうやって、気持ちの上でもよい循環をつくっていきましょう。

私たちはシェフではありません。家庭料理は誰でもできるもの。ちょっと考え方を変えるだけで、楽しんで続けていくことができるようになります。複雑で、珍しい料理を覚えるより、つくり続けるための考え方を身につけることが大切。この本ではその考え方を、いろいろな角度からお伝えしたいと思っています。

やる気の出ない日は「お昼寝料理」

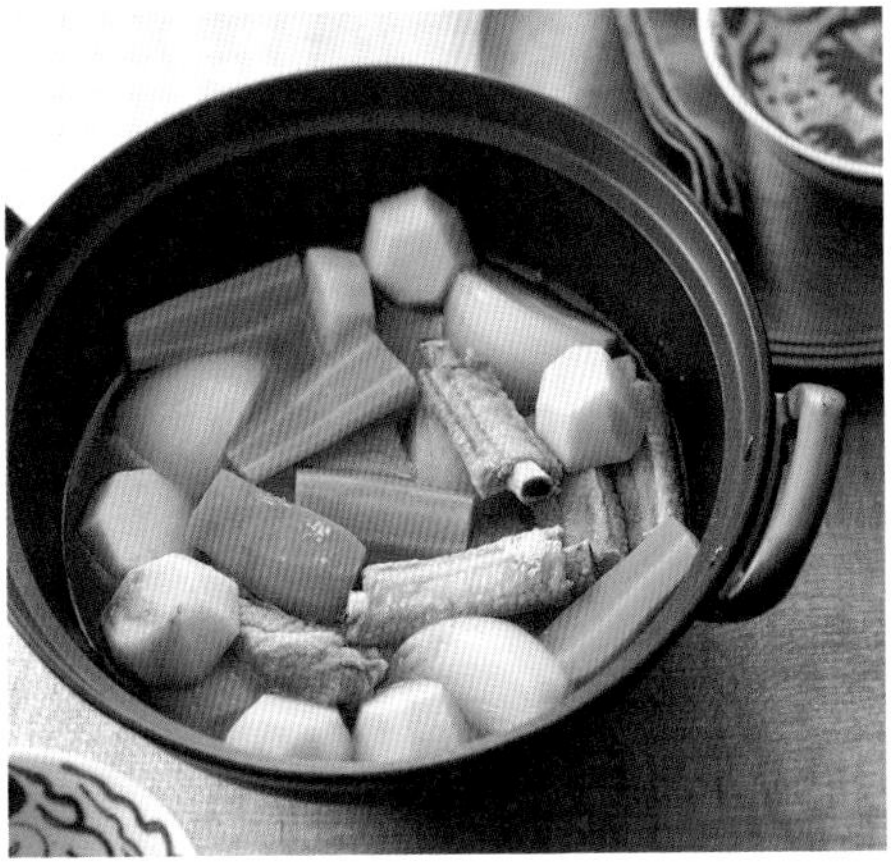

昨日は私、やる気の出ない日でした。これ、誰にでもあることですよね、やる気のある日とない日があるのは。

朝からどんよりした曇り空で、気圧のせいか、夕方になったら眠くてたまらない。そろそろ夕飯づくりの時間も迫ってきました。それでどうしたかというと、スペアリブの煮ものをつくることにしました。スペアリブは柔らかくなるまでに時間がかかるでしょう？　煮ている間に少し休めるかな、と思ったのです。お鍋に根菜と一緒に入れ、水を注いで30分。その間、ソファに横になって……。タイマーが鳴ったら、おいしい煮こみができていました。

「いやだなー」という気持ちでごはんをつくりたくなかった。そこで、つくるのがいやだと思わないものは？　と考えて、「お昼寝鍋」になったのです。夕食には、テーブルにこの鍋をドンと出して、お肉と野菜を食べたら、最後にゆでた素麺を入れて。スペアリブから出るだしはおいしい豚骨スープですから。これでお腹も大満足。

煮ものは時間がかかるからと敬遠しがちかもしれませんが、煮ている間にほかのことができますし、その間にひと休みだってできるのです。「今日は疲れているから煮こみにしよう」、そんなふうに思えたら、台所に立つのも、少し億劫でなくなるかもしれません。

■骨から出る旨みを、根菜にゆっくり煮含ませます。

スペアリブと根菜のお昼寝鍋

スペアリブを手羽先に替えれば鶏がらスープに。ラーメンを入れてもおいしいですよ。

●材料（4人分）
豚スペアリブ…500g
里芋…4個
人参…1本
玉ねぎ…1個
酒…½カップ
水…1カップ
粒こしょう（黒）…10粒
しょうゆ…大さじ½
粗塩…小さじ½

●つくり方

1　スペアリブを熱湯に入れ、1分ほどでゆでこぼす。

2　里芋、人参、玉ねぎの皮をのぞき、里芋は横半分に、人参は長さを半分に切り、縦2～4つ割りにする。玉ねぎは6～8つのくし形に切る。

3　鍋に**1**、酒、水、粒こしょうを入れて火にかけ、煮立ったら**2**を加え、煮立ったら弱火にし、ふたをして30分煮る。しょうゆ、粗塩で味をととのえる。

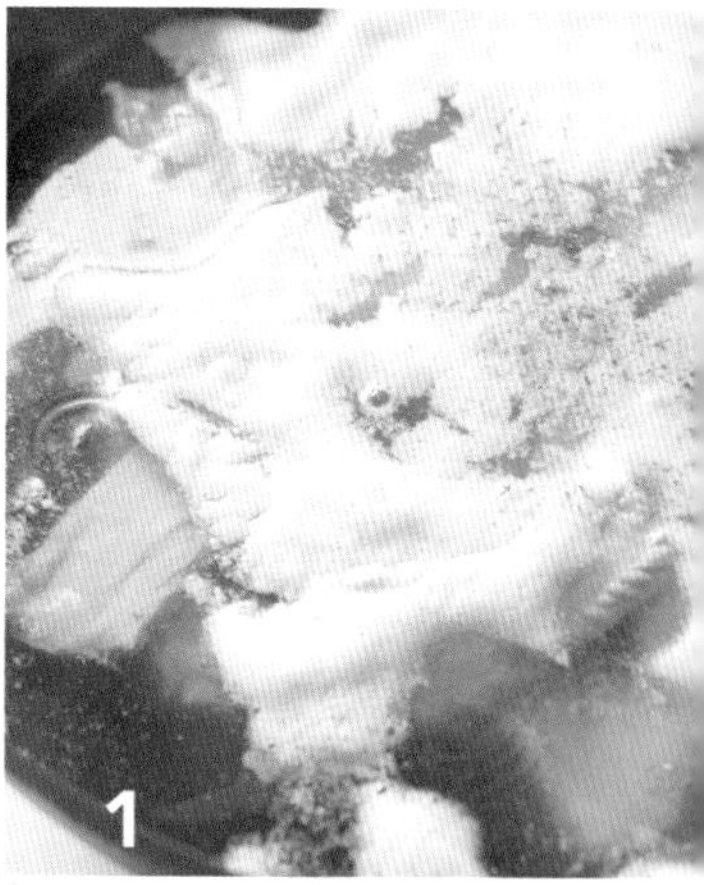

下ゆではさっと。ゆですぎると、せっかくのだしが出てしまいます。

煮くずれしない根菜は、最初から一緒に煮ます。

最後に味が出たところで調味すると、薄味ですみます。

■特急鍋はスピード勝負！
でも、肉は下ゆですること。
アクとりの手間と時間が省ける上、
おいしく仕上がります。

豚しゃぶと春菊の特急鍋

豚しゃぶには、香り豊かな春菊がベストマッチ。ねりごまとだしのスープで、コクのある味わいに。

●**材料**（4人分）
春菊…1束
豚肉（しゃぶしゃぶ用）…250g
ねりごま…大さじ2
だし汁…2カップ
しょうゆ…大さじ1
粗塩…小さじ¼
こしょう…少々

●**つくり方**
1 春菊は3～4㎝長さに切る。
2 豚肉をさっとゆでて水けをきる。
3 鍋にねりごまを入れてだし汁を加えてのばし、火にかけて煮立たせたら、**2**を入れてさっと煮て、しょうゆ、粗塩、こしょうで味をととのえ、**1**を入れてさっと煮る。

1 ねりごまをといたスープに、下ゆでしたしゃぶしゃぶ肉を入れます。

2 たっぷりの春菊を入れて、さっと火を通したらできあがり。

3 煮すぎないように。

具だくさんの豊かな味噌汁

私がつくる味噌汁は具だくさん。家族曰く「この味噌汁は〝汁〟じゃない」。でも、ここにいろいろ入れてしまえば、ほかにあれこれつくらなくてすみますから。私にとって味噌汁は、汁を飲むというより、具材の野菜もおいしくいただくための料理なのです。

具だくさんというのは、具の種類や量が多いということ。特に決まりはなくて、家にある季節の野菜でつくります。意外に味噌汁に向いているのは夏野菜。みょうがやしその葉などの香味野菜をちらすと、さわやかに仕上がります。

秋はきのこ。そうでなくても毎日食べたいきのこと大好きな油揚げの組み合わせは、うちの定番。よく、2袋でいくらと安く買える日があるでしょう？　そんな日はきのこの味噌汁に決まり。きのこからもよいだしが出るので、旨みがたっぷり。おかげで味噌が少しですむという、減塩効果もあるのです。

水がおいしい日本は「水の文化」の国。だから、味噌汁にもその文化が反映されて、具が少ないのが一般的なのかもしれません。けれど、つい濃い味にしたくなるとしたら、それは旨みが足りないと感じているからでは？　たっぷりの具から旨みがとけ出すのも、おいしさのうち。それが現代版の豊かな味噌汁ではないでしょうか。やはり、家族がなんと言おうと、味噌汁は具だくさんに限る。密かにそう自負しています。

さっぱりした
オクラやみょうがには、
厚揚げを合わせると
深みが増します。
ごはんと漬けものが
あれば大満足です。

夏野菜の具だくさん味噌汁

●**材料**（4人分）
茄子…1本
厚揚げ…1枚
オクラ…6本
みょうが…2本
だし汁…3カップ
味噌…大さじ1

●**つくり方**

1 茄子と厚揚げはひと口大に切る。オクラは少量の塩（分量外）で板ずりして小口切り、みょうがは薄切りにする。

2 鍋にだし汁、茄子、厚揚げを入れて火にかけ、煮立ったら弱火にし、ふたをして7～8分煮る。味噌を入れてひと煮立ちさせたら、オクラとみょうがを加えて、火をとめる。

＊ごはん、漬けもの、じゃこの黒酢炒めを添えて。

かぶとれんこんの白味噌汁

味噌の味を変えてみるのもおすすめ。ホクホクとシャキシャキの食感を楽しみます。

●**材料**（4人分）
かぶ…3個
れんこん…100g
だし汁…3カップ
白味噌…大さじ1½
粗塩…小さじ¼
ごま油…小さじ1

●**つくり方**
1 かぶとれんこんは皮をのぞく。かぶは8等分のくし形に切る。れんこんは縦半分にし、5㎜幅の半月切りにする。
2 鍋にだし汁、**1**を入れて火にかけ、煮立ったら10分煮る。白味噌をとき入れて3分ほど弱火にかけ、粗塩、ごま油で味をととのえる。

油揚げとしめじの味噌汁

具の数が少なくても、量をたっぷり使えば具だくさんです。

●**材料**（4人分）
油揚げ…1枚
しめじ…200g
だし汁…3カップ
味噌…大さじ1
万能ねぎ（小口切り）…10㎝

●**つくり方**
1 油揚げは縦半分に切り、細切りにする。しめじは石づきをのぞいてほぐす。
2 鍋にだし汁、**1**を入れて火にかけ、煮立たせたら5分煮て、味噌をといて火をとめる。
3 椀に盛り、万能ねぎをちらす。

〃ちまちま野菜〃が残ったら

細かく刻んでミネストローネに

週1回の全員集合スープ

「冷蔵庫がきれいにならない限り、買いものはしない」というのは、私の座右の銘。あるのにまた買ってくることをくり返していると、ちまちました残り野菜が増えるだけです。

でもね、告白すると、私の冷蔵庫にもちまちま野菜はあるのです。毎日料理していれば、何かしら残ってしまうもの。そういうときは、全員集合スープの出番です。ひとつの野菜の力というより、全員の力がひとつになれば、いい味を出してくれる、その見本のような料理です。

週に1回、冷蔵庫の中の野菜を全部出してみましょう。さて、どんな野菜があったかしら？　わが家の場合、いんげん、冬瓜、レタス、トマト、ごぼうが出てきました。そのほか、ほうれん草などの葉ものもOKですし、セロリも葉っぱごと使ってください。ぜひ入れたいのはトマトと玉ねぎ。この2つが味のまとめ役になってくれます。野菜をたくさん入れるほど、野菜から水分が出る

魚介を加えると、濃厚なブイヤベース風に

ので、水は少しですみます。いわばフレッシュな野菜のブイヨン。だから味つけは少しの塩だけで十分。ひと口飲んだら、凝縮された野菜の旨みにびっくりすると思います。

それから、イカのおいしい季節になったら、入れてみるのもおすすめです。イカからはいいだしが出ますので。その場合、味わいはさらに濃厚に。ブイヤベース風の野菜スープになります。

こういう料理は、わざわざ材料を買ってきてつくるものではありません。野菜をいっぱい買ってこないといけないし、また〝ちまちま〟が増えてしまうでしょう？　あくまでも残り野菜を使いきるのが目的。週に1回でも実践すれば、冷蔵庫がすっきりします。

子どもたちはこれにモッツアレッラチーズをのせたりしています。ゆで卵を切ってのせて、あとはロールパンや食パンがあれば、いい朝ごはんにもなりますね。

全員集合!!　ミネストローネ

3種類くらいあれば、
残り野菜なら何でもOK!
水分を出すトマトや大根、
キャベツや玉ねぎが入ると
いいでしょう。

魚介だしでブイヤベース風

魚介から出る旨みを
薄めないように、
こちらは水分が
出すぎない
野菜を選んで。

全員集合!! ミネストローネ

●**材料**（つくりやすい分量）
野菜…約1kg
〈玉ねぎ、
トマト、
しめじ、
人参、
キャベツ、
大根、
ごぼう、
里芋、
セロリ など〉
酒…大さじ2
水…3カップ
ベイリーフ…2枚
粗塩…小さじ1½
こしょう…少々
オリーブオイル…大さじ2

●**つくり方**
1 具材はすべて、5〜6㎜幅に切るか、角切りにする。
2 鍋にオリーブオイルと**1**を入れ、油をなじませるように炒める。
3 **2**に酒、水、ベイリーフを入れて30分煮る。粗塩、こしょうで味をととのえる。

魚介だしでブイヤベース風

●**材料**（つくりやすい分量）
イカ…1杯
野菜…約1kg
〈玉ねぎ、
トマト、
マッシュルーム（ブラウン）、
人参、
セロリ、
茄子、
パプリカ など〉
にんにく（薄切り）
…1片
酒…½カップ
水…2½カップ
ベイリーフ…2枚
粗塩…小さじ1
こしょう…少々
オリーブオイル
…大さじ2

●**つくり方**
1 具材はすべて、5〜6㎜幅に切るか、角切りにする。
2 鍋にオリーブオイルとにんにくを入れて火にかけ、香りが出たらイカとトマトを入れて炒める。
3 **2**に残りの具材を入れて酒、水、ベイリーフを加え、40〜50分煮る。粗塩、こしょうで味をととのえる。

Column 2

立派なさば寿司に、心も体も満たされて。

いただきものが主役の日

奈良で日本料理店を営む友人が、さば寿司を送ってくれました。最近、テイクアウトを始めたからというのです。それが届いた日の献立が上の写真です。さば寿司を主役にして、夏野菜と厚揚げの具だくさん味噌汁と、大根の漬けものを添えました。

たまに、こんな日があります。いただきものがあったり、何かを買ってきたり……。

そういうときは、他にあれこれつくらず、栄養のバランスが取れるようなものを考えて食卓をととのえれば十分。家族にも「おいしい、おいしい」と食べてもらいたいので、あくまで主役を引き立てる献立に徹します。

贈り手の心尽くしの表れをきれいにいただく。それが、贈ってくださった方にも、食べものに対しても、敬意を表すことになると思います。

3

「今夜はこれで十分」。体が喜ぶ軽めの夕食

自分が大事でいいじゃない？

年齢を重ねた今、以前とは食べる量も変わり、消化がよく、必要な栄養を満たした食事が大切だと感じます。まさに量より質です。

これまで家族のために料理をしてきた人は、子どもの成長などで、食べるのが自分だけという日があると、つくるのを面倒に感じたり、かといって、できあいのものや残りものばかりでは満たされなかったりしませんか。自分のための食事スタイルを見つけることを、難しく感じる方もいるかもしれません。でも、毎回の食事は、人生の大事な一食です。家族がいてもいなくても、その思いは変わりません。

そもそも、どうして自分のための食事が大切だと思いますか？　私たちは誰も特別な存在ではありません。お互い、みんなが幸せで、健康でいられることが、根底にあるいちばん大切なこと。もし、本当に自分のお腹を満たすためだけだとしたら、私もつくりたくはありません。けれど、そうしておいて調子が悪くなったら、誰に迷惑がかかりますか？　それが家族や仕事の仲間ですね。だから、どんなときでも今まで通りに生活しましょう。それが自分にとっても家族にとっても、いちばんいいことなのです。

これまでは、何をするにも家族が先で自分は後。そんなふうにしてきたのではないですか？　でも、自分のことをきちんとやらない限り、家族のことをきちんとしているとは言えません。あなたがいてこその家族なのです。逆に、自分のことがきちんとできていれば、怖いものはありません。毎日が楽しくなって、家族のこともこれまで以上に大切にできると思います。

その第一歩として、自分自身の食事を楽しみましょう。身体の声に耳を澄ませ、誰に気兼ねすることなく、今晩の一皿をととのえることから始めてみてください。

普段の夕食から

いつもの献立はこんなふう

一生のうちに、あと何食、食べられるかと考えたら、一食たりとも無駄にしたくない、そんな気持ちがわいてきます。もしかしたら、私の食に対する執着なのかもしれませんが、一食一食を大事にしたいという気持ちには強いものがあります。

人間に必要な栄養素は、たんぱく質、炭水化物、ミネラル。自分のために料理をするときも、それがバランスよく含まれているかを意識しています。ご紹介する献立を見てください。普段、私一人のときの夕食はこんなふう。あまりにも普通だし、品数も少ないのにびっくりしましたか？　でも、育ち盛りではありませんから、いっぱいつくる必要はないでしょう。それなら、これでいいと思います。

とはいっても、後ろめたい気持ちはありません。ちゃあんと一つ一つ、つくっていますから。品数が少なくても、一品一品は充実しているので、満足感が違います。野菜もあるし、ちょっとした魚も、豆腐も肉もあるでしょう。たんぱく質は、植物性と動物性を必ず。豆腐の肉あんかけは季節を問わずつくりますし、豚汁の仕上げにポンと納豆を入れた納豆汁は、私にとってカレーみたいなもの。これとごはんがあれば大満足。雑穀米もよく食べます。〝雑穀米スティック〟も便利ですが、いろいろな雑穀を分量も調整しながら日替わ

水きりした豆腐は蒸して使います

りで食べたい。きびや粟なら、お米の半分位は入れます。繊維質、鉄分、ミネラルがたっぷりです。

そして、ちょっと気をつけて見てもらうと、一つの献立の中に、いろいろな色があるのがわかると思います。ブロッコリーの緑、梅干しの赤、卵焼きやきびごはんの黄色、豆腐の白、黒米の黒。これは前にもお伝えした「五色」の考え方を実践しているのです。さすがに一食の中でそろえることは難しいけれど、なるべく近くなるように考えているのがわかってもらえるでしょうか。

結局、普通の料理がいちばんいいなと思います。ホッとするでしょ？　毎日ご馳走はいりません。中国は「医食同源」と言いますが、どこの国の料理も、見るとやっぱりとてもバランスよくつくられていると思います。日本もそうです。言葉はたまたま中国から来ているだけで、考え方は同じ。世界中どこでも医食同源。だから、一人のごはんもあれこれ思い悩むより、これまで食べてきた普通のごはんを、安心して食べ続けていったらいいのだと思います。

献立 1

- 豆腐のあんかけ
- ブロッコリーの
  シンプル和え
- 黒米入りごはん

（つくり方 P.78）

動物性と植物性の両方の
たんぱく質がとれる
献立です。
豆腐はじっくり水きりし、
ひと手間かけて蒸すことで、
水分が出て
味がしみやすくなり、
香りも引き立ちます。

献立 2

- 納豆汁
- きびごはん

（つくり方 P.79）

納豆入りの豚汁は、
1品だけで栄養満点。
発酵食品は、
体を休めたいとき、
食欲がないときに
ぴったり。
この一杯で、
体調をととのえて
ください。

献立 3

- 五穀粥
- しらす入り卵焼き
- 梅干し

（つくり方 P.79, 80）

体を温めてくれる餅米を
使ってお粥をつくりました。
やさしい味わいに
ほっとします。
しらすたっぷりの卵焼きと
一緒にどうぞ。

献立1

豆腐のあんかけ

●**材料**（2～3人分）
豆腐（絹）…1丁
豚ひき肉…150g
酒…大さじ1
生姜（みじん切り）…1片
だし汁…½カップ
しょうゆ…大さじ1½
葛粉…小さじ1
（水大さじ1でとく）
こしょう…少々
万能ねぎ（小口切り）…5本分
油…小さじ1

●**つくり方**
1 豆腐はざるに入れて軽くつぶし、半日かけて水きりする。ざるごと5分蒸して、器に盛る。
2 炒め鍋に油と豚ひき肉を入れて火にかけ、水分がなくなるまでしっかり炒めて酒、生姜、だし汁を入れて煮立たせたら弱火にし、ふたをして5分煮る。しょうゆを入れて混ぜ、水とき葛粉でとろみをつけて、こしょう、万能ねぎをちらす。
3 **1**の上に**2**をかける。

黒米入りごはん

●**材料**（2～3人分）
米…2合
黒米…大さじ2
水…2合分

●**つくり方**
米はといで水けをきる。炊飯器に米と黒米を入れ、分量の水を入れて炊く。

ブロッコリーのシンプル和え

●**材料**（つくりやすい分量）
ブロッコリー…1株
粗塩…小さじ⅓
こしょう…少々
ごま油…大さじ½

●**つくり方**
1 ブロッコリーは小房に分けて1分ほどゆで、水にさらして水けをしっかりきる。
2 粗塩、こしょう、ごま油で和え、好みでかつお節をふる。

献立 2

納豆汁

●**材料**（4人分）
豚こま切れ肉…50g
人参…1本
玉ねぎ…½個
こんにゃく…100g
さつま芋…100g
だし汁…3カップ
味噌…大さじ2
納豆…1パック
万能ねぎ（小口切り）…2本分
一味唐辛子（または七味唐辛子）…少々
ごま油…小さじ1

●**つくり方**
1 人参は皮をむいて3〜4㎝長さの短冊切り、玉ねぎは皮をむいて1㎝幅のくし形切り、こんにゃくはひと口大に切り、さつま芋は乱切りにする。
2 鍋にごま油と豚肉を入れて火にかけ、豚肉の色が変わったら1を入れて炒め合わせ、だし汁を加えて煮立たせたら弱火にし、ふたをして7〜8分煮る。味噌をとかしてさらに3〜4分煮る。納豆を加えて火をとめる。
3 椀に盛って万能ねぎをちらし、一味（七味）を好みでかける。

きびごはん

●**材料**（2〜3人分）
米…1½合
きび…½合
水…2合分

●**つくり方**
米はといで水けをきる。炊飯器に米ときびを入れ、分量の水を入れて炊く。

献立 3

五穀粥

●**材料**（つくりやすい分量）
もち米…100g
五穀ミックス…100g
水…5カップ

●**つくり方**
1 もち米を洗い、水けをきる。五穀ミックスと一緒に鍋に入れ、分量の水を加えて火にかける。鍋底にくっつかないように、ときどきかき混ぜる。
2 煮立ったら弱火にして30〜40分煮る。途中で2〜3回程度、軽く混ぜる。

しらす入り卵焼き

＊材料とつくり方はP.80へ。

しらす入り卵焼き

卵焼きは、おおらかにつくりましょう。ポイントは触りすぎないことと強火にしないこと。半熟の状態で手前によせて返していけば、失敗せずにつくることができます。

季節の野菜を混ぜると彩りも栄養もアップします。

●材料（つくりやすい分量）

卵…3個
しらす干し…30g
パセリ（みじん切り）
…大さじ2
だし汁…大さじ3
しょうゆ…小さじ1
こしょう…少々
油…大さじ½

●つくり方

1 ボウルに卵を割り入れてほぐし、だし汁、しょうゆで味つけし、しらす、パセリを加えてこしょうで香りをつける。

2 卵焼き器を火にかけ、油をなじませて**1**の卵液の⅓量を入れ、軽く混ぜて半熟になったら手前に折りこむ。残りも2～3回に分けて卵液を加え、同様に焼きながら巻く。

残り野菜が、焼肉のお供に昇格です。

一点豪華！　おうち焼肉

2章でご紹介したミネストローネのほかに、もう一つ、残り野菜をきれいに食べきる方法があります。スープはちょっと暑いなという季節は、こうしてみてはいかがでしょう。

この日は朝から忙しく、夕ごはんは、あまり手をかけられそうにありません。その上、夏の暑さで体力が落ち気味。そんなときは、いつもよりいいお肉を買ってきて、冷蔵庫にあった舞茸や長芋、オクラ、玉ねぎを切って、盛りつけておしまい。一点豪華主義の〝おうち焼肉〟です。

行き先の決まっていなかった残り野菜も、切っただけで立派な食事の仲間入りをして、おいしくいただける気がしませんか？

そして、「疲れた」と言いながら無理に料理をするのでなく、上質なお肉を少し食べて、元気を回復しましょう。冷蔵庫もすっきりして、明日は好きなものが食べられる。これも一つの知恵です。

野菜をおいしく飲みましょう

蒸し野菜はやさしい

野菜はみんな、〝飲みもの〟だと思います。茄子なんて、蒸したらツルツルとのどに入っていきますし、トマトだって、ジュースになるくらい。スープにすると、こんなに水分が出てくるのはどういうことでしょう？　野菜の多くは、80％以上が水分だから。たっぷりいただくには、柔らかく煮たり、蒸したり、加熱するのがコツ。トロトロ、するりとまるで〝飲む〟ように、のどごしよくいただけます。

野菜を食べなくては、とがんばるより、飲む方がずっとラクです。日本のように生水を飲むことができない中国には、野菜や果物で水分をとるという考え方があるくらいです。「蒸す」というのは、素材に対していちばんやさしい調理法です。中国には「五色」の考え方と、さらに「甘い・辛い・酸っぱい・苦い・塩辛い」の「五味」の考え方があります。主な調理法にも五つあって、それが「焼く・ゆでる・煮る・揚げる・蒸す」。

つまり、五味五色、調理法も五つ。何千年の歴史の中で自然に生まれてきた考え方ですから、これには深い知恵が詰まっています。もし、そのうちの一つを知らないとしたら、5分の1のおいしさを知らないことになるのです。なんとももったいない話ではありませんか？　野菜は蒸してのどごしよくいただく。一度試してみると、蒸し料理の滋味をわかっていただけると思います。

水分をたっぷり含んだ
茄子は
とろりと柔らかい。

蒸し茄子

●**材料**(つくりやすい分量)
茄子…5本
A
ねりごま…大さじ1
しょうゆ…大さじ1
黒酢…大さじ1

●**つくり方**
1 茄子は皮をのぞき、蒸気の上がった蒸し器で7〜8分蒸し(中火)、そのまま10分おく。
2 縦半分に切って器に盛り、混ぜ合わせた**A**をかける。

旨みが凝縮した
パプリカは、
ピリ辛のたれで。

蒸しパプリカ

●**材料**（つくりやすい分量）
パプリカ（赤、黄）…各1個
A
豆板醤…小さじ1
ごま油…大さじ½

●**つくり方**
1 パプリカは種をのぞいて4等分のくし形に切る。蒸気の上がった蒸し器で5〜6分蒸し（中火）、火をとめてそのまま10分おく。
2 器に盛り、混ぜ合わせた**A**をかける。

だしは カルシウム いっぱいの スープです

いりこ、桜えび、かつお節

「生活はなるべくシンプルに。あれもこれもがんばるより、三食おいしいごはんをつくる。それができてから、ほかのことを考えよう」。ずっとそういう思いでやってきました。そんな中、うちのごはんの基本として考えてきたのが、だし。中国が油の文化だとしたら、日本は水の文化の国。その象徴の一つがだしだと思います。

日本は海産物に恵まれて、うらやましいくらい。わが家では、いりこ、桜えび、かつお節は切らしません。海のものは、少し煮るだけでだしがとれるのがいいところ。鶏がらスープやブイヨンを何時間も煮るのに比べたら、かつおだしはお湯に入れればいいので、まるでお茶をいれるようなものでしょう？　いりこも前の晩から浸けておけば、使いたいときにすぐ使えて便利。干し海老はうちでは使いません。桜えびの方がカルシウムも多く、もどす必要もないので、ずっと手軽。冬瓜とスープ煮にすると、その上品さに驚かれると思います。サロンの生徒さんの中には、冷蔵庫にこれがないと心細いという人もいるくらい。

日本のだしは海の栄養がとけ出したスープのようなもの。カルシウムやミネラルがいっぱいです。子どもたちが小さい頃も、だしさえきちんととっていれば、カルシウムが足りないことはないと自信を持っていました。今は自分のために、おいしくて栄養価の高いスープとして、そのまま飲んだり料理に使ったり、変わらず続ける毎日です。

だしに使うもの

だしが変われば、
料理の味も変わります。
その日の気分に
合わせたり、
料理によってだしを変え、
味の変化を
楽しみましょう。

かつお節

かつお節は、沸とうした湯に好みの量を入れてだしをとります。量はその日の気分によって、薄めがいい日は少なめにし、濃いめがいい日はたっぷり入れます。あとは、火をとめてこすだけ。かつお節は、短時間でだしがとれる優れものです。

いりこ

カルシウムたっぷりのいりこは、水に浸けてだしをとります。水出しのほうが、雑味の少ない、すっきりとした味わいに。一晩たったら引き上げて、加熱して使いましょう。

いりこ昆布だし

昆布を一晩水に浸けただしもよく使いますが、いりこと合わせると、旨みが出てさらに深い味わいに。

桜えび

桜えびの旨みは、スープにも素材にもしみわたるので、味つけは塩だけでもOKです。ピンクの色みも料理のアクセントになり、よく使う食材です。

冬瓜と桜えびのスープ煮

きれいな翡翠色になるように、冬瓜の皮は薄くむきます。

●材料（4人分）

冬瓜…1/4個（正味300g）
桜えび（乾）…2g
水…3/4カップ
酒…大さじ1
粗塩…小さじ1/2
こしょう…少々
ごま油…小さじ1

●つくり方

1 冬瓜は薄く皮をのぞき、スプーンなどで種とワタを取りのぞいて、ひと口大に切る。

2 鍋に水、酒、桜えびを入れて火にかけ、煮立ったら3分ほど弱火で煮る。

3 **1**を加えてふたをし、透明になるまで弱火で10分ほど煮て、粗塩、こしょう、ごま油で味をととのえる。

じゃこは神様

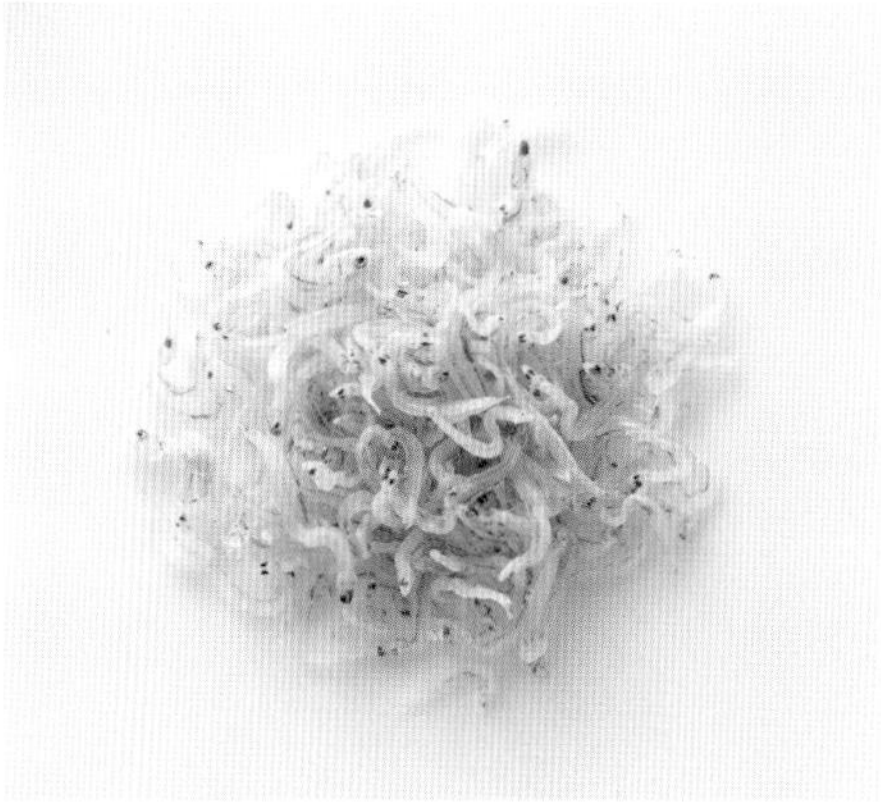

カルシウムたっぷりで保存が効き、ごはんだけでなく、どんな食材とも相性のいいじゃこは、日本に来たとき「こんないいもの、あったんだ！」と感動した食材です。どんなときも、これさえ食べていたら安心できます。すべてが栄養の塊でしょう。体はもちろん、頭にもいいような気がするのです。海の乾物の王様どころか、私にとっては神様のような存在です。

買ってきたら、そのままではなく、黒酢で炒めてから冷蔵庫に。一度炒めることで、生臭さがとび、保存も効くようになります。酢が加わるので、カルシウムの吸収がよくなるところもポイント。わが家唯一の常備菜といっていい一品で、おいしくて栄養のある調料としていろいろに使っています。松の実と一緒にごはんにかけたり、炒飯に入れたりしてもいいですし、おひたしにごまの代わりにかければ、栄養がより充実します。

そのほか、春菊と炒めたり、蒸したじゃが芋にオリーブオイルとからめたり、入れられないところはないと言っていいくらい。塩けがあるので味つけがいらなくなるだけでなく、栄養も補ってくれるのが心強い。肉団子と同じく、私の一生もののレシピです。

ごはんにじゃこの黒酢炒めを
加えて混ぜ、おにぎりにして
海苔を巻く。

じゃこの黒酢炒め

ごはんに混ぜるだけでなく、炒めものに加えたりと万能なわが家の常備菜です。

●材料（つくりやすい分量）
じゃこ…100g
酒…大さじ1
黒酢…大さじ2
油…大さじ1½

●つくり方
炒め鍋に油とじゃこを入れて火にかけ、油をなじませるように炒めて香りが出たら、酒、黒酢を入れてなじませ、火をとめる。

＊保存容器に入れて、冷蔵庫で3～4日保存。炒めものに、ごはんにと何にでも使う。

万願寺唐辛子炒め （つくり方 P.94）

蒸しじゃが芋和え （つくり方 P.94）

「じゃこの黒酢炒め」を使った２品

万願寺唐辛子炒め

万願寺唐辛子が手に入ったら、必ずつくる1品です。

●材料（3〜4人分）
万願寺唐辛子…6本
（ピーマン4個、またはしし唐辛子10本でも）
じゃこの黒酢炒め…大さじ3
A
酒…大さじ1
水…大さじ3
みりん…大さじ1
しょうゆ…大さじ1
油…大さじ2

●つくり方
1　万願寺唐辛子は、包丁や竹串などで数カ所穴を開ける。
2　炒め鍋に油と**1**を入れて火にかけ、油がなじんだら**A**を入れて煮立たせ、弱火にしてふたをし、5分蒸し煮にする。
3　**2**にしょうゆとじゃこの黒酢炒めを入れ、水分がなくなるまで炒める。

蒸しじゃが芋和え

丸ごと蒸したじゃが芋はほくほくで甘味も抜群。じゃこがよく合います。

●材料（つくりやすい分量）
じゃが芋…2個
じゃこの黒酢炒め…大さじ1
オリーブオイル…少々

●つくり方
1　じゃが芋は蒸気の上がった蒸し器で皮ごと30分蒸し、火をとめて10分おき、皮をむく。
2　ボウルに入れて適当な大きさにし、オリーブオイル、じゃこの黒酢炒めを加えて和える。

Column 4

塩、しょうゆ、味噌と仲よく

この本で紹介している料理の味つけは塩、しょうゆ、味噌が基本です。

日本で一般的な塩は海塩。昔ながらのつくり方の塩は、ほんのり磯の香りがして、海のエキスが凝縮し、それだけで旨みがあります。

塩で味つけをするのが難しいという方は、塩には旨みがあるということを覚えてください。塩だけで生のトマトの味が変わるように、旨みを感じる塩と出あうことが、塩と仲よくなるきっかけになるかもしれません。

しょうゆも旨みがたっぷりですが、塩分も多いので、これだけで味つけをしようとは考えないで。おすすめしたいのは、半量の酢で割って使うこと。味に奥行きが加わり、塩分を控えたものたりなさもありません。

日本に来て驚いたことの一つは、味噌の種類が豊富なこと。手づくりも含めたら、いったいどのくらいあるのか、私には見当もつきません。中国では味噌を知らない人もいますが、日本は水の文化だから、味噌汁があって、こんなにたくさんの味噌がある。とても豊かなことだと思います。

私は20年も前、スーパーに出店していたつくり手のおじさんから直接買った味噌を、今でも使い続けています。高価なものではないけれど、手間暇をかけた味噌はすっかりうちの味。これがないとわが家の味噌汁になりません。長くつくり続けてほしいと、心から願っています。

4

新鮮なうちに食べきると決めたら、悩みいらずの一菜料理に

買い物は食べきってから

ないと不安で、スーパーへ行くと、ついあれこれ買ってしまうという話をよく聞きます。忙しいから、とりあえず買っておいて安心する。でも材料がたくさんありすぎると、何をつくったらいいかわからなくなりませんか？　だから、私はたくさん買いません。買ってきたらなるべく新鮮なうちに食べたいので、冷蔵庫にしまうことなく、料理して食べきってしまうときもあるくらいです。

食事は健康をつくるためのものですから、基本的には体調ありきで、それに合わせて食べるのが理想。出かける前に冷蔵庫の中をチェックして、必要なものと旬の野菜を1、2種類買ってきたら、どうしたらおいしく食べきれるか、そちらの方に頭を使います。冷蔵庫の中のものを早く食べなくてはと頭を悩ますより、その方が時間もお金も材料も無駄にならないと思います。

野菜は加熱すると、かさが減ってたくさん食べられるようになります。キャベツだって、せん切りにして炒めたり、蒸したりすれば、1個があっという間。春菊だったらじゃこと炒めたり、レタスは炒めたり、スープにしたり。じゃが芋は買ってきたら、芽が出る前にまとめて蒸して、それから、「さてどうしようか」と考えます。何をつくろうかと悩む前に、毎日こんなふうに手を動かしていったら、おいしく食べきる知恵も技術もついてくると思います。

先日、友人が千葉へ遊びに行った帰り、私の太腿ほどはありそうな（！）立派な大根を持ってきてくれました。なんと1本100円！　1日目は真ん中のみずみずしいところを生で（私は必ずおいしいところから食べます）、あとは炒めたり煮たりして、一週間、毎日大根料理。最後に残ったしっぽの固いところは、すりおろして、鍋に入れておしまい。決して捨てたりしません。

中国の五色の考え方では、今週、大根や白菜などの白いものを食べたら、次の週は別の色のものを食べる。そうしてバランスをとっていくのです。大きな野菜とつき合うには、そういう考え方も知っておくといいかもしれません。

旬のものは値段が手頃な上、栄養価も高く、何よりおいしい。大根1本をおいしく食べきるにはどうしたらいいか。珍しいレシピを覚えるより、家庭料理ではそこが腕の見せどころだと思います。

「一菜炒め」なら失敗知らず

野菜には、和洋中でいろいろな調理の仕方がありますが、やはり炒めものは相性のよい調理法だと思います。食べごたえがありますし、野菜そのもののおいしさを味わえるから。とはいえ、ここで言っているのは、八宝菜や五目炒めのことではありません。いろいろな野菜が入った炒めものをおいしくつくるには、相当の練習が必要です。異なる性質の野菜が一緒になると、火の通り方も変わります。切り方、加熱時間を変えて、それぞれに適したタイミングで仕上げなければいけません。でも、そもそもレシピを見ただけで、面倒だなぁ……となりませんか？　野菜1種類の炒めものなら、その素材に合った切り方、炒め方をすればいいだけ。そうやってつくった炒めものは本当においしい。

今は、野菜も進化しています。アクが少なく、柔らかく、食べやすくなっている。その分、調理の工程を減らさないと、おいしさが生きません。野菜が進化しているのに、人間の料理の仕方が遅れているとしたら、野菜に失礼ではないかしら。

青菜はもちろん、根菜、お芋だって、おいしい炒めものになります。今日は小松菜だったら、明日は人参でもいいし、明後日はじゃが芋でもいい。五目炒めで1品というより、一菜炒めで5品つくって、味つけも塩、しょうゆと変えたら、まったく違う料理です。シンプルだからこそ、広がりが生まれる。それが〝一菜料理〟の豊かさだと思います。

たたいて味を含ませる

台所から、バン、バン、バン、バン！　と大きな音がすると、何ごとかとびっくりされます。これは何の音かというと、ごぼうをすりこぎでたたく音。ごぼうが飛び散らないよう袋に入れて、しっかりたたきます。ほら、こんなふうに繊維がほぐれて、バラバラになるくらい（左ページ写真）。すると味をよく含んで、せん切りにしたときより、ずっとおいしくなりますから。

もう一つ、この「たたく」という調理法の魅力は、不ぞろいというところにあります。不ぞろいだと、調味料の含み方や火の通り方に、濃い、薄い、硬い、柔らかいという具合に違いができます。一皿の中にいろいろな食感、味わいが生まれるのです。

つまり、そろえて切るとよさが引き出される場合と、不ぞろいでよさが引き出される場合と、二つの考え方ができるわけです。例えばせん切りにした大根を炒めるときは、そろっている方がいい。火の通り方が均一になるからです。でも、硬いごぼうをきれいにせん切りにして、きんぴらをつくるのは大変。だからといって、ごぼうそのものを敬遠してしまうより、バンバンたたいて、どんどんいただく方が、何倍もいいと思いませんか？

最近のごぼうはアクも少なく、ずっと食べやすくなっています。たたいたら水にさらさず、さっと炒め煮にするのがおすすめです。きっと香りのよさに驚かれると思います。

ごぼう

長芋

静かな炒めもの

野菜炒めは強火でカッカッと混ぜて、鍋をガチャガチャ動かして、大忙しでつくるものだと思っていませんか？　でも、野菜はそう思っていないみたいです。

どういうことかというと、野菜は触られたくないのです。しょっちゅうかき混ぜていたら、野菜が鍋肌に触れる時間は短くなります。そのうち水分が出てグッショリしてしまう。「先生、どうして？」とサロンでも生徒さんたちに聞かれるのですが、いつも言っています。「触らなければ、うまくいきますよ」って。本当にそれだけなのです。

見てください、鍋にキャベツを入れて、触らずに少し待つと、出てくるのは蒸気です。キャベツ自体が蓋の役目をしているのです。この蒸気で下の方のキャベツが温められて、1分もしないうちにかさが減るのがわかります。ここで上下を返して、再び火が通るのを待ちます。火加減は、いつも中火以下。強火にはしません。触りたくても我慢。鍋を揺するのも意味がありません。鍋底に火が当たっていた方がいいわけですから。そうやって、3回目、4回目と大きく混ぜ、これ以上、キャベツに汗をかかせたら、グッショリしてしまうというところで、調味して火をとめます。

以上です。カッカッ、ガチャガチャはなかったでしょう？　私の炒めものが「静かな炒めもの」と呼ばれるゆえんです。

キャベツ炒め

薄味でシャキシャキの
食感を残した炒め方です。
生のキャベツより
たっぷり食べられるので、
わが家ではとんかつの
添えものなど、
つけ合わせはいつもこれ。

●材料（4人分）
キャベツ…300g
長ねぎ…10㎝
しょうゆ…大さじ½
粗塩…小さじ¼
こしょう…少々
油…大さじ1

●つくり方
1 キャベツは細切りにする。長ねぎは薄切りにする。
2 炒め鍋に油と長ねぎを入れ火にかけ、香りが出たらしょうゆを入れて煮立たせ、さらに香りが出たらキャベツを入れ、中火でじっくりと炒める。粗塩、こしょうで味をととのえる。

キャベツを炒めるときは、触りすぎないこと。じっと蒸気が上がってくるのを待ち、上がってきたら、大きく返す。

蒸されることでしぜんにかさが減る。また蒸気が上がってきたら、混ぜる。3～4回混ぜるだけで十分。緑色が鮮やかに、つややかになってきたら、火をとめる。

たたきごぼうの塩炒め

ごぼうの香りと食感を一番楽しめる食べ方だと自負するレシピ。油との相性がよいので、油をしっかりなじませて。蒸すとふっくらして、一層香りもよくなります。

●**材料**（4人分）
ごぼう…1本
酒…½カップ
粒こしょう（黒・粗くたたきつぶす）…15粒
粗塩…小さじ⅓
ごま油…大さじ1

●**つくり方**
1 ごぼうの皮を薄くのぞき、長さを2〜3等分にしたら、厚手のポリ袋に入れてたたきつぶし、3㎝長さに切る。
2 炒め鍋にごま油と**1**を入れて火にかけ、油がなじむように炒めたら酒を入れ、粒こしょうも加えてふたをし、弱火で7〜8分蒸し煮にする。粗塩で味をつける。

ゆっくり蒸し煮にして火を通す。

長芋と卵炒め

強火にせず、卵を入れたら
数回、菜箸で大きく混ぜて
炒めるだけ。
香りのよい
花椒《ホアジャオ》を入れれば
味つけを
シンプルにできます。

●**材料**（4人分）
長芋…200g
卵…3個
粗塩…小さじ⅓
花椒…10粒
油…大さじ1½

●**つくり方**

1 長芋の皮をのぞき、厚手のポリ袋に入れてたたきつぶす。といた卵に粗塩を入れて混ぜる。

2 炒め鍋に油と花椒を入れて火にかけ、香りが出たら長芋を入れて油がなじむように炒め、といた卵を流し入れてゆっくりと長芋を包むように炒める。

長芋に火が通ったところで、とき卵を入れる。

迷ったら、「一菜和え」

目の前の野菜をどう料理したらいいか迷うとき、炒めものをする時間がないとき（炒めものは、時間と気持ちに余裕のあるときにしてください。そばにつきっきりでないとできませんから）は、和えものをつくりましょう。野菜1種類からできる和えものは、意外にバラエティ豊か。安く出回る旬の野菜や、そろそろ食べきりたい丸のまま買った野菜を、おいしく飽きずに食べるためのよい方法だと思います。

和えものというと、ほうれん草のごま和えが真っ先に浮かぶかもしれませんが、中国では辛子和えが定番です。ピリッとした辛味がほうれん草のえぐみを消してくれますし、甘みをつけないので、こちらの方が好きと言う方もいます。

セロリなどの香味野菜は、春から夏にかけてたくさん食べたいもの。身体の乱れた気や停滞した気を整理整頓してくれます。うちの食卓にセロリはよく登場します。ご紹介するマリネは、甘い香りのディルとの相性が抜群。セロリのクセが苦手という方も、これならサラダ感覚で食べていただけると思います。

日本で手に入るディルは、中国のフェンネルとよく似ています。フェンネルとはウイキョウのことで、中国では古くから食べられているハーブの一つ。皆さんの食卓にも、新しい香味野菜としてぜひ登場させてください。

ほうれん草の辛子和え

ごくごくシンプルな辛子和えは、中国の定番。

●**材料**（4人分）
ほうれん草…1束（200g）
A
練り辛子…大さじ½
粗塩…小さじ¼
ごま油…大さじ½

●**つくり方**
1 ほうれん草はゆでて水にさらし、水けをきって3㎝長さに切り、水けをしぼる。
2 ボウルに**1**と、混ぜ合わせた**A**を加えて和える。

セロリのマリネ

セロリをはじめ、みょうがやしその葉などの香味野菜は体を元気にしてくれます。

●**材料**（4人分）
セロリ…2本
A
酢…大さじ4
はちみつ…大さじ2
こしょう…少々
塩…小さじ⅓
ディル（生）…2〜3本
オリーブオイル…大さじ2

●**つくり方**
1 セロリは根元の方を筋取りし、斜め薄切りにする。ディルは3㎝長さに切る。
2 混ぜ合わせた**A**のつけ汁をセロリにかけて、一晩おいて味をなじませる。

油をなじませる

私のレシピにはよく「油をなじませる」とあることに、お気づきでしょうか。ここではあらためてその理由をお話ししましょう。

これは、油の高温になる性質を利用しています。水の沸点は100℃ですが、油は種類にもよりますが、200℃超になりますので、ゆでたり、煮たりするよりも、素材の表面の温度を早く上げることができます。いったん油をなじませてから調理すると、熱を吸収しやすくなり、結果として早く火が通るのです。

中国の炒めものは、まさしくその考え方。水も燃料もたくさんいらないので、もしかしたら、とてもエコな調理法かもしれません。

かぼちゃのごま和え

かぼちゃは、
油を加えて蒸すことで
味なじみがよくなり、
ほくほくに仕上がります。
たっぷりのすりごまと和えて、
かぼちゃ料理の新境地を。

●材料（4人分）
かぼちゃ…¼個
水…½カップ
すりごま（白）…大さじ4
粗塩…小さじ⅓
油…大さじ½

●つくり方
1 かぼちゃの皮と種をのぞき、ひと口大に切る。
2 炒め鍋に油と**1**を入れて火にかけ、油がなじむようにじっくり炒める。水を加えて煮立ったら弱火にし、ふたをして7～8分蒸し煮にし、残った湯をきる。白すりごまと粗塩を加えて和える。

丸ごと野菜はこわくない

野菜は丸ごと買うと決めています。半分に切ってあるものは、そこからバイキンが入りやすかったり、傷みやすかったり。丸ごとならそんな心配もありませんし、おいしさの面でもこちらが上。キャベツは1個、大根も1本、じゃが芋なら1袋、買いましょう。（実はパンもスライスしていないものの方が、おいしさが逃げないと思います。）

大根は、小さなものなら、2品もつくれば1本を使いきってしまいます。レタスは炒めものにしたら、一人で1個、食べられるくらい。じゃが芋は、買ってきたら1袋全部蒸しておくと、芽が出る前に食べきることができます。蒸したてはバターを添えて、次の日は薄切りにしてさっと両面を焼いて、朝食の目玉焼きに添えてもいいし、ポテトサラダにしてもいい。じゃが芋1つで、蒸す、煮る、炒める、揚げる、全部できます。こうしてシンプルに加熱するだけでいろいろな食べ方ができるのが、野菜のいいところです。

たくさんの人が消毒や除菌に気を遣うようになった昨今、加熱するという調理法がもっと見直されていいと思います。この時代だからこそ、加熱が安心の素なのです。サラダやスムージーも人気ですが、体を冷やさず、量が食べられ、安心できる温野菜料理を、ぜひ毎日たくさんつくっていただけたらなと思います。

大根とじゃこ炒め

棒状に切った大根は、塩をふって水分を出しておくと、炒めたときに旨みが逃げません。

●**材料**（4人分）
大根…500g
粗塩…小さじ1
長ねぎ…10cm
じゃこ…30g
酒…大さじ1
片栗粉…小さじ1
（水大さじ1でとく）
こしょう…少々
油…大さじ1
ごま油…小さじ½

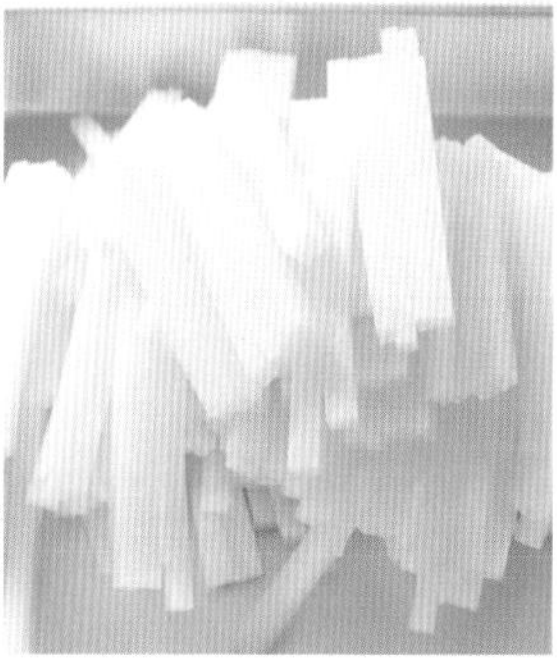

大きさをそろえて切ることが、おいしくつくる最初の一歩。

●**つくり方**
1 大根は皮をのぞき、約5cm長さに切り、繊維にそって3mm角の棒状に切る。粗塩をふり、10分おいて水けをしぼる。長ねぎは斜め薄切りにする。
2 炒め鍋に油と長ねぎを入れて火にかけ、香りが出たらじゃこを加えて酒をふり、さらに香りが出たら大根を入れ、透明になるまでじっくり炒める。途中、ごま油をふる。
3 水とき片栗粉で旨みをとじこめて、こしょうをふる。

ぶり大根

ぶりのおいしい季節には、少し手間でも必ずつくります。大根は下ゆでして柔らかく、ぶりの下処理もていねいに。

●材料（4人分）
ぶり…2〜3切れ
大根…500〜600g
上新粉…少々
だし汁…500mℓ
酒…大さじ2
はちみつ…大さじ½
しょうゆ…大さじ2
ごま油…小さじ1

●つくり方
1 大根の皮をのぞき、1.5㎝幅の輪切りにする。20分ほどしっかりゆでて、水けをきる。
2 ぶりは食べやすい大きさに切って塩小さじ½（分量外）をふり、20分おいて水けをふきとり、上新粉をまぶす。
3 鍋にだし汁、酒、はちみつ、しょうゆを入れて煮立たせ、**1**を入れてさらに20分煮る。
4 炒め鍋にごま油と**2**を入れ、両面焼く。
5 **3**の鍋に**4**を入れて5分ほど煮る。

ぶりを上新粉でコーティングすると、煮汁にとろみがつかず、さっぱりと仕上がる。

ねぎ油で
ポテトサラダ

旨みたっぷりのねぎ油が
からんだじゃが芋の
おいしいこと。

●**材料**（4人分）
じゃが芋（男爵）…2〜3個
長ねぎ…1本
粗塩…小さじ½
油…大さじ3

●**つくり方**
1 じゃが芋は蒸気の上がった蒸し器で丸ごと30分蒸して皮をのぞき、ひと口大にして、粗塩で味をつけておく。
2 長ねぎは斜め薄切りにし、炒め鍋に油と一緒に入れて火にかけ、じっくりときつね色になるまで弱火で炒める。
3 **2**を**1**にかけて和える。

長ねぎ1本分のねぎ油が、蒸しじゃが芋にコクを与える。

シャキシャキ炒め、たらこ風味

子どもたちが小さい頃、「たらこパスタ」と言って喜んだ1品。酢を入れることで、シャキシャキ感が出ます。

●材料（4人分）
じゃが芋（メークイン）…2〜3個
たらこ（または明太子）…30g
黒酢…大さじ1
こしょう…少々
油…大さじ1
刻み海苔…適量

●つくり方
1 じゃが芋は皮をのぞき、せん切りにする。さっと洗い水けをきる。
2 たらこは、薄皮を外してほぐしておく。
3 炒め鍋に油を入れて熱し、**1**を入れて油がなじむように炒める。黒酢を入れ、透明になるまで中火でじっくり炒め、火をとめて、**2**、こしょうをからませる。
4 器に盛り、刻み海苔をのせる。

じゃが芋は煮くずれないメークイン。火をとめてから、余熱でたらこと混ぜる。

レタススープ

レタス炒め

レタス炒め

レタスが主役の炒めもの。加熱すれば、無理なく食べきれます。

●**材料**（4人分）
レタス…1個
酒…大さじ2
A
　味噌…大さじ1
　酒…大さじ1
こしょう…少々
油…大さじ1

●**つくり方**
1　レタスは大きさによって、6〜8等分のくし形に切る。
2　炒め鍋に油と**1**を入れて火にかけ、酒を入れてふたをし、2分蒸し煮にする。混ぜ合わせた**A**、こしょうで味をととのえる。

レタススープ

見ためも味わいもさわやかなスープ。丸ごと1個使いきります。

●**材料**（4人分）
レタス…1個
桜えび（乾）…2g
水…4カップ
酒…大さじ1
粗塩…小さじ⅓
こしょう…少々
ごま油…大さじ½

●**つくり方**
1　レタスは4〜5㎝幅に切る。
2　鍋に水、酒、桜えびを入れて火にかけ、煮立ったら弱火にして5分煮る。
3　**2**の鍋に**1**を入れてひと煮立ちさせたら、粗塩、こしょう、ごま油で味をととのえる。

1日1時間を夕食づくりに

よく、20分や30分でできる晩ごはんという謳い文句がありますが、20分でできるメニューはあっても、毎日そんなふうだと、常に急かされているような気持ちになりませんか？

子どもたちが小さい頃は、朝、家を出る前に、室温でOKな夕食の材料を料理ごとにまとめて並べて出かけたり、家に帰る前には、帰ったらまず何をするか、頭の中で一度組み立てたりを習慣にしていました。

今はそこまでしなくていいのですが、当時は子どもたちのお弁当づくりや、塾の送り迎えの合間にも仕事をしていましたから、1分1秒でも合理的にしていかないと回りませんでした。

どんなに忙しくても、仕事は集中してきちんと終わらせて、あとは自分の時間にするのが、理想だと思います。それに、料理は生活の一部ですから、毎日あせって料理をするより、もっと前向きな、よい循環に持っていきたい。そのために、例えば1日1時間はごはんをつくる時間と決めてしまってはいかがでしょう。それくらい余裕があればあせらないですみますし、気持ちの負担も軽くなると思います。

それで今日の晩ごはんが家族に大好評で、自分でも満足感があるとしたら、次の日もまたやる気が出るでしょう。そうした環境をととのえるためにも、夕方の1時間を確保する。一度そう決めてしまえば、時間の使い方も変わると思います。

Column 5

人生でいちばん幸せだった日

今年の母の日は、子どもたちが腕によりをかけてご馳走をつくり、ふるまってくれました。いつもの年ならレストランへ行くのですが、今年は趣向を変えて二人でつくろう、となったようです。

当日は朝から二人で買い物へ。帰ってきたら、娘が本を見ながら料理をして（私の本ではありませんよ）、息子がアシスタント兼給仕係。でき上がったら呼ぶからというのだけれど、気になって仕方がないから、結局そばで見ていました。

さて、息子がワインをサーブして、いよいよコースの始まりです。

ナプキンとカトラリーをセットして。さあ、始まり。

一皿目はハーブのサラダ。薄切りオレンジがアクセント。

メインは、さわらのソテーと彩りのよいソース。

最初の一皿はハーブのサラダ。いつも私が、暑くなるとハーブが体の気を調整してくれるのよ、と話すせいか、ぜんぶハーブだけの一皿（効きすぎそう！）。メインディッシュはさわらのソテーにトマトやオリーブのソースを添えて。見た目はとてもおいしそうですが、食べてみたら全然味がありません。おしょうゆが恋しい……と、ひそかに思いながらいただきました。

あとで、なぜさわらにしたの？と聞いたら『旬』と書いてあったから」。旬のものがいいというのは理解しているようです。二人がスーパーであれやこれやと相談している姿を想像して、とっても可笑しくなりました。

次は、パスタ。イタリアのラビオリのようです。中国のワンタンへのオマージュのつもりかもしれません。そこでは息子が、レストランのように、食べる直前に目の前でソースをかけてくれました。大サービスですね。でも肝心のこのパスタ、3切れしかありません！　とてもおいしいのですが、もう少しほしかったなと思いました。

デザートはメレンゲとチョコレートムース。これもとても美しいけれど、メレンゲが口の中に貼りつくので、たっぷりのお茶といただかないといけませんでした（笑）。

全部、とてもおしゃれな料理でした。私が普段つくらないお料理をご馳走しようという気持ちがよく伝わってきました。お料理だけでなく、ナプキンとカトラリーもきちんとセットして、レストランみたいにして。そして、すごく私のことを思ってくれているなと思ったのが、私のお気にいりの洋皿と、

ハラハラしましたが、成長した二人は頼もしかった！

デザートまで出てきました。大好きな故郷の中国茶と。

ラビオリ風のパスタ。余白を残したしゃれた盛りつけ。

中国の器を使っていたこと。

久しぶりに親子そろって、大爆笑しながらのフルコース。実は量が足りなくて……お腹いっぱいにはならなかったけれど（笑）、胸がいっぱいになった、というお話です。

何より嬉しかったのは、社会人になってなかなか顔を合わせる機会がなくなった娘と息子が、いつの間にか二人で相談して私を喜ばせようと一生懸命考えてくれたこと。そして、奮闘しながら初めての共同作業(!?)をやり遂げ（私はハラハラし通しでした！）、皆で声を上げて笑いながら食事をしたこと。

これまで二人を育てるために、走って走って、無我夢中でやってきましたが、大変だったこともいっぺんに吹き飛ぶくらい嬉しくて、幸せで、これは本当に、人生で最高の日でした。

Q&A

「ウーさん、どうしたらいいですか？」悩み質問箱

Q1

せっかく新しい料理に挑戦しても、「これ何？」と言ってあまり食べてくれません。

A

家族がそう聞くときというのは、食欲があまりなかったのかも……。食欲があればなんでも食べると思います。どうしようかな、食べようかな、食べないでおこうかな、とモヤモヤしているというところだと思います。

家族の体調はバラバラですから、家庭料理はいつも安心して食べられるもの、というスタンスがいいのかもしれません。わかりやすくて、目で見て安心できるもの。相手の顔が見えると、安心だから。人間もそうじゃないかしら。

Q2

具合の悪い息子に何をつくったらいいかわからず、好物だからと、脂っこいものをつくってしまいました。

A

どうすればいいのかわからなくなるのは、余裕がないからではないかしら……？　そういうときは、ベーシックなものに立ち返りましょう。卵スープとごはんで十分。それだけ？　と思うかもしれないけれど、本人が必要としているのは、そういうほっとするものだと思います。具合の悪いときにあれこれ食べさせようとするのは、かえってしんどいこと。消化をするにも体力がいるのです。ここで用意するべきは卵スープとごはん。「これでいい」と自信を持ってくださいね。

Q3
子どもに合わせたメニューが続き、
夫に「飽きた」と
言われてしまいました。

A

これだったら食べてくれるかなと、すっかり子ども目線になってしまったのですね。でも、子どもの一口のためにがんばるのは、ちょっと違うと思います。どちらかというと、大人の食卓に子どもがついていく。目指すのはそちらの方ではないかしら。そういう育て方をしていれば、小学生になったときには、大人と同じ食卓が囲めるようになっていますよ。

それに大人が毎日の食事をちゃんと食べていれば、それを子どもが食べたって安心でしょう？　辛さを控えたり、少し柔らかくしたりすれば十分なはず。自分の家の食卓がどうありたいかは大人目線で。それがやがては、家族皆の満足につながっていくのだと思います。

トマトと卵のスープ

進化したトマトと
卵のスープは
長芋入り。
とろっとやさしい
味わいで、
体が喜びます。

ふんわり卵にするために

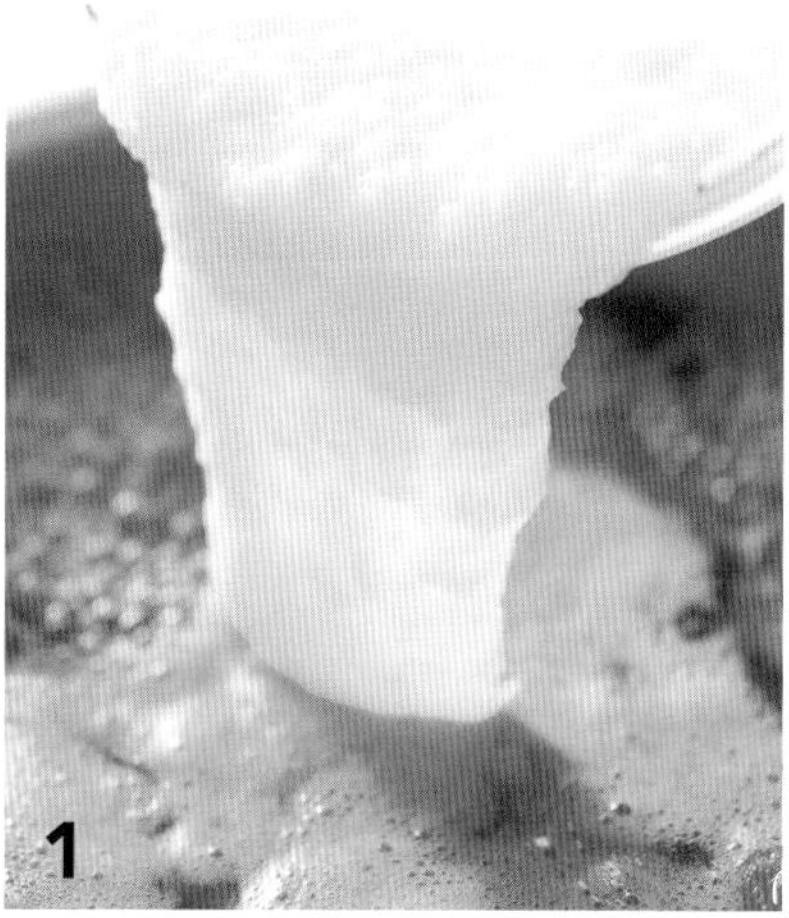

すりおろした長芋を流し入れます。

とき卵を流し入れます。このとき混ぜないのがポイント。

こしょう、ごま油を加えます。

できあがり。

トマトと卵のスープ

●**材料**（4人分）
トマト（中）…2個
卵…2個
長芋（すりおろし）…100g
桜えび（乾）…2g
水…4カップ
粗塩…小さじ½
こしょう…少々
ごま油…小さじ1

●**つくり方**

1 トマトはひと口大に切る。

2 鍋に水と**1**、桜えびを入れて火にかけ、煮立ったら弱火にしてふたをし、5分煮る。

3 **2**に粗塩で味つけし、長芋を流し入れて混ぜ、煮立ったらといた卵も入れ、強火にして対流させて（お玉などで混ぜない）火をとめる。こしょう、ごま油で香りをつける。

おわりに

この本でお伝えしているのは、毎日食事をつくり続けていくための、私なりの基本の考え方です。

ちょっと考え方を変えるだけで、皆さんがもともと持っていた知識の点と点がつながって、これまでつくってきた料理のすべてを、毎日に生かすことができるようになる。そんな本にしたいと思ってつくりました。

毎日、一生懸命、食事づくりをしているからこそ、困ったり、悩んだりするのですよね。皆さんは、きっとたくさんレシピをご存知だと思います。それなのに、まだ足りない、これだけしかできない、と思ってしまうとしたら、それはただ、点と点がつながっていないだけだと思うのです。

この本に出ている料理を忠実につくろうとしなくてかまいません。ここにあるのは、私が楽しくできるようになった、家庭料理の考え方。たまたまウー・ウェンという人間が、子どもと一緒に成長しながら、日本で仕事をするという環境の中で、食事をつくり続けてきた経験から生まれた考え方です。それを、私と同じように毎日ごはんをつくっている皆さんと共有できたら嬉しい、それだけなのです。